해적들의 창업 이야기

해적들의 창업 이야기

최규철 · 신태순 지음

비전코리아

추천의 글

저자 신태순 선생님, 최규철 선생님. 정말 동시대를 살고 있는 것이 맞는지 의심스럽습니다. 대한민국에 태어난 보통 사람이라면 '1+2=3', '창업은 돈이 많이 든다' 등과 같은 정답이 정해져 있는 말을 많이 들으셨을 거로 생각합니다.

하지만 이 책을 읽으면 세상에 또 다른 답이 존재한다는 것을 구체적인 사례로 만나볼 수 있습니다. 책을 읽는 내내 '정말?' '진짜?' '이게 가능하네!'라는 감탄사를 뱉어낼 것입니다. 돈이 거의 들지 않는 창업을 하고 싶으신 분! 자신이 어떤 마음으로 살아가고, 창업을 준비해야 할지 고민하시는 분! 꼭 읽어보시길 추천합니다. _ 우리우리세균맨 님

무자본으로 창업을 시작해야 하는 이유를 알게 되었습니다. 현재 내가 통제하고 있는 자본의 크기는 몇십 만 원에 불과한데, 그런 상태에서 투자를 받거나 큰돈을 벌게 되면 통제해야 하는 돈의 크기가 커지죠. 이를 컨트롤할 능력이 없는 것이 실패의 요인이 될 수 있다는 이야기에서 크게 와 닿았습니다. 또한 수중에 내가 500만 원이 있다면 500만 원으로 할 수 있는 일들만 찾게 되는데, 무자본일 경우 큰 포부를 갖고 무한대로 나의 비즈니스 모델을 구축할 수 있는 마인드를 가질 수 있다는 것에 공감합니다. 고정관념을 깨뜨려준 이 책이 나에겐 큰 자산이 되었습니다!! 정말 감사합니다. _ 킹메이커 님

'해적들의 창업이야기'를 강의가 아닌 책으로 접하니 또 한 번 충격에 빠졌습니다. 두 대표님 말씀대로 고정관념을 없애려 노력하니, 전엔 상상도 못했던 생각들이 나오기 시작했습니다. 창업에 대한 고정관념들을 없애고 틀에 갇히지 않은 생각을 점점 키워나가게 되었습니다. 책을 읽어나가면서 제가 가지고 있던 창업에 대한 생각뿐만 아니라 살아가면서 느끼는 수많은 고정관념들도 새롭게 볼 수 있는 눈이 생겼습니다. 그리고 오랫동안 고민해왔던 '어떻게 살아갈 것인가'라는 문제에 해답을 찾는 데도 정말 많은 도움이 되었습니다. 값진 책을 펴내주셔서 감사합니다. _ 노루도전 님

군 입대 전부터 창업에 대한 막연한 꿈이 있었습니다. 하지만 저 같은 흙수저는 감히 도전할 수 없는 일이라고 단정하고 포기한 채, 현실에 맞춰 제가 할 수 있는 일들만 이리 재고 저리 재며 미래를 준비하고 있었습니다. 저도 환경의 지배에서 벗어나지 못했는지 제가 할 수 있는 영역의 범위를 스스로 좁혀버렸고, 좁은 시야로 세상이 내린 정의에 의해 살고 있었습니다. 그렇게 미래를 준비하며 군 생활을 보내고 있었지만 제 마음 깊숙한 곳에선 아직 창업에 대한 꿈이 남아 있었습니다. 이 책을 e-book 원고로 처음 읽었는데, 읽자마자 정말 머리를 세게 한 대 얻어맞은 느낌이었습니다. 제가 생각했던 고정관념들이 모두 깨지는 순간이었습니다. 특히 무자본으로 누구도 생각지 못한 사업 아이디어를 만들어내는 능력을 보고 정말 동시대를 사는 사람으로서 너무 존경스럽고 대단하고, 저런 내공을 꼭 갖고 싶다는 생각이 들었습니다. 결핍이 낳는 위대함을 제 힘으로 반드시 이루어내고 싶습니다. _ 청년사업가정호 님

책을 읽기 전까지는 창업 후 실패에 대한 두려움이 컸습니다. 그래서 자신감도 없고 막막했는데 이 책을 읽고 자신감을 얻고 새로운 방식의 창업에 대해 다시 생각하게 되었습니다. 그리고 많은 자금과 인력이 있어야 창업할 수 있다는 고정관념도 깰 수 있는 기회였습니다. 특히 먼저 팔고 나중에 생산한다는 방식, 무자본 창업 개념은 저에게 충격이었습니다. 현재는 한 번 정독했는데 여러 번 읽어볼 계획입니다. 감사합니다. _ 인생수업시작 님

이제 한 번 읽어본 것뿐이라 제 생각에는 좀 더 제대로 파보아야 할 듯 싶어요. 그럼 더욱 값진 진리를 깨달을 수 있을 거라고 기대합니다. 내용은 실제 예시가 많아서 쉽고 재밌게 잘 읽었습니다. 그리고 현실에서도 아주 소소한 부분이지만 적용을 해보았는데 정말 작은 성과였지만 결과가 바로바로 나타나고 이익이 곧바로 돌아와서 정말 신기했습니다. 앞으로도 공부가 아주 많~이 필요하겠지만, 매우 신기하네요. _ 호빵 님

좋은 강의를 듣지 못하고 지나치게 되면 실망도 되고 후회도 될 때가 많죠. 그런 강의 내용을 책으로 정리하여 강의에 참석하지 못한 아쉬움을 덜어주셔서 감사합니다. 장사든 사업이든 필요한 것들이 처음부터 준비가 되어야 시작할 수 있다고 생각을 했었습니다. 하지만 책에서 말씀하시는 내용을 보니, 무엇보다 해내겠다는 마음, 부족하지만 행동으로 옮기면서 채워나가는 실행력이 제일 중요한 것이라는 생각이 들었습니다. 나이를 먹어가면서 행동과 투지가 떨어지게 되는데, 근성을 다시 일깨워주는 좋은 내용이었습니다. _대장부 님

책을 읽고 나니 생각에 많은 변화가 생기네요. 무작정 돈부터 모으려고 했던 제가 시선을 다른 쪽으로 돌리게 됩니다. 그냥 막연히 하겠다고만 생각하고 제 분야의 공부만 했지, 다른 쪽으론 깊이 생각하지 못했었던 저였습니다. 책을 읽고 조언을 구하고 나니까 방향도 잡히고 제가 지금 무엇부터 해야 하는지 조금씩 알겠더라고요. 생각의 전환이 정말 중요한 것 같아요 조금만 다르게 생각하니까 그 폭이 훨씬 넓어졌어요. 그리고 궁금한 점 문의했었는데 친절하게 답변도 해주시고 이런 소중한 정보도 주셔서 정말 고맙습니다. _ yeeun10 님

새로운 관점을 얻게 된 계기가 되었습니다. 공동 창업에서 많은 자금이 투입되었으나 사실상 실패한 경험이 있던 차에 새로운 사업을 또 준비하면서 접하게 된 이 책으로 새로이 마음을 다질 수 있었고, 새로운 시각을 얻게 되었습니다. 읽어가면서 이런저런 글들에 매료되었고, 진정어린 조언, 경험을 여러 창업 동지(?)들에게 전하고자 하는 진정성이 느껴졌습니다. 사업은 마음먹기는 쉽지만 그것을 실행하기는, 또 성공의 반열에 올리기는 더더욱 어려운 과정이라 생각합니다. 그것을 제로 비용으로 실현한다는 건 그동안의 제 상식으로는 공감이 어려웠습니다. 그러나 그럴 수도 있겠다 싶은 생각에 한 페이지, 한 페이지 읽어가면서 새삼 나도 이런 철학으로 재도전해보고 싶다는 공감에 이르게 되었습니다. _ 아라스 님

프롤로그

해적들의 창업 방식에는 돈이 필요하지 않다

돈 없이 창업하고 돈을 버는게 정말 가능할까? 정말 그게 가능하다면, 왜 사람들은 창업하기 위해 돈을 구하러 다니는 것일까?

    나도 처음에는 창업할 때 무조건 돈이 필요하다고 생각했다. 그것은 불변의 진리 같았다. 왜냐하면 언론에서는 항상 거대한 창업비용들이 언급되었고, 주변의 성공한 창업가들도 처음에는 대출이나 투자로 자금을 마련해서 창업했다고 이야기했기 때문이다. 그렇다면 열정이 있고, 성장하고 싶은 열망이 있으며, 창업을 통해서 자기 사업을 하고 싶은 사람인데도 투자나 대출 없이는 창업을 못하는 것일까? 과연 다른 방법은 없는 것일까? 이 화두가 내 머릿속을 떠나지 않았다.

독자 중에는 창업경진대회나 정부의 창업보조금을 받으면 되지 않느냐고 말하는 사람도 있을 것이다. 물론 가능하다. 그런데 그렇게 받는 돈은 누구의 돈인가? 고객이 낸 돈인가, 서비스 모델을 팔아서 받는 돈인가? 그렇지 않다. 어떤 경우엔 기존의 특허를 조금 변경하고 법적으로 문제가 없는 수준으로 만들고 그럴듯하게 사업계획서를 작성해서 든든한 후원자 이름을 빌려서 경진대회에 출전하면 돈을 받기도 한다(물론 제대로 준비해서 창업지원금을 받는 경우가 더 많다고 믿는다).

하지만 이렇게 투자받는 돈도 조건이 없는 것은 아니다. 돈을 투자하거나 빌려 준 곳이 원하는 방식으로 사업을 진행해야 하고 각종 제재를 받아야 한다. 만약 코드가 안 맞는 곳에서 돈을 받았다면 문제는 더 심각해진다. 돈을 준 곳의 구미에 맞춰서 될만한 아이템을 발전시키다가 뻔한 창업 아이템으로 변해버리는 것이다. 이렇게 되면 자신과 고객을 만족시키는 사업이기보다는 투자자, 정부를 위한 사업이 될 가능성이 높다. 이런 경우, 창업자가 사업을 즐기기 어렵다.

큰돈을 투자받는 것이 예상치 못한 곳에서 더 큰 위험을 불러오는 경우도 있다. 갑자기 생긴 큰돈을 보고 욕심이 앞선 창업자가 개인적인 욕망을 위해서 그 돈을 쓰거나 동업자들과 돈 때문에 분쟁을 일으켜 사업이 무산되는 것이다. 스타트업이 큰돈을 투자받고, 좋은 조건으로 대출을 받으면 사업성을 모두 인정받은 것처럼 착각하는 것도 문제다.

마치 투자를 받기 위해서 법인설립을 한 것 같은 창업자도 있다. 그들 앞에는 충성 고객의 지속적인 창출, 시장 확대, 사회문제 해결 등 산재한 과제들이 많은데 투자와 대출로 생긴 큰돈이 그들의 눈을 가려 판단력을 잃게 되는 것이다. 돈을 쉽게 벌 수 있다는 착각이 시작된다. 창업자가 감당하지 못하는 큰돈이 사업을 망치는 위의 사례들은 결코 과장해서 말하는 것이 아니다. 수년간 무자본 창업 교육을 하면서 만난 예비창업가, 창업전문가, 스승님들을 통해서 듣고 경험한 진짜 이야기들을 바탕으로 말하는 것이다.

처음부터 큰 자본으로 시작하는 회사는 창업자가 성장할 수 있는 기회를 잃는 것과 같다. 돈으로 문제를 쉽게 해결할 수 있기 때문이다. 돈을 만들어내는 법을 고민하기보다는 돈을 쓰는 법을 고민하게 되기 때문이다. 돈 쓰는 법을 고민하는 게 나쁘다는 말은 아니다. 고객을 통해서 돈을 만드는 법을 모르는 상태에서 돈을 쓰는 고민만 하는 게 문제라는 것이다.

창업자가 자신의 잠재력을 관심 가지고 회사를 이끌 만큼 성장하기 위해서는 돈 없이 돈을 만들어내는 법을 체득해야 한다. 바닥에서부터 시작해서 적은 돈부터 만들어보고, 돈에 대한 통제력을 키워가야 큰돈을 만졌을 때 그것을 자신의 통제하에 둘 수 있다.

창업을 준비하는 우리는 모두 해적이 되어야 한다. 내가 해적정신을 지닌 사업가가 되기로 마음먹게 된 것은 버터플라이인베스트먼트를 공동창업해서 무자본 창업의 미션을 함께 만들고 있는 최규철 대표를 만나고 나서부터다. 나는 그에게 창업에 대한 완전히 새로운 패러다임을 전수받았다.

창업하기 전 노자의 《도덕경》 공부에 한참 빠져 있던 나는 최규철 대표에게서 노자의 모습을 봤다. 불필요한 것들을 다 걷어낸 무위를 행하는 창업 방식이 바로 그것이었다. 남들이 사업에서 가장 중요하다고 말하는 돈을 빼버리는 것은 기본이었다. 강연 회사에서는 전문가를 빼고, 교육 사업에서는 성적과 입시를 빼고, 컨설팅회사에서는 컨설팅을 빼버리고, 그렇게 고정관념에서 벗어날 때 오히려 더 큰 성과를 내고 있었다.

최규철 대표는 벤처 1세대이기도 하고, 당시에 여러 기업체를 운영했으며, 그때 설립했던 회사 중에는 현재 해당업계에서 대한민국을 대표하는 기업도 있다. 그는 벤처캐피탈에서 거액의 돈도 여러 번 투자 받았고, 유망한 기업가로 언론에 알려지기도 했다.

하지만 벤처붐이 꺼지면서 도산하는 기업들이 쏟아질 때, 최규철 대표의 회사도 거기에 포함되었다. 그의 동료 중에는 극단적인 선택을 하거나 감옥을 간 사람도 많다고 했다. 아무리 똑똑한 사람도, 아무리 많은 돈으로 사업을 시작한 사람도 창업의 성공은 절대 보장받을 수 없다는 것을 확인하는 순간이었다.

최규철 대표는 초야에서 약 10년 동안 새로운 방식의 창업을 연구하며 다양한 실험을 했고, 외롭게 성과를 하나씩 만들어왔다. 무자본으로 출발해서 더 거대한 사업을 하는 도전들이었다. 그는 이 업무를 대대적으로 진행할 수 있는 회사를 창업하기 위해 CEO를 발굴하러 다녔다. 하지만 모든 사람들이 이런 사업 방식은 말이 안 된다고 말했고 수년간 이 사업은 진행되지 못했다. 그러던 중 운명처럼 최규철 대표와 내가 만났고, 노자에 빠져 있던 나는 이 사업의 취지를 듣자마자 이 사업은 무조건 된다고 말했다. 창업 경험이 전무했던 내가 다들 말이 안 된다고 고사했던 사업에 뛰어든 것이다.

이렇게 무자본 창업 문화를 전파하고 해적정신을 가진 CEO를 키워내는 버터플라이인베스트먼트라는 기업이 탄생했다. 그리고 무자본으로 창업할 수 있게 영감을 주는 아이디어 문서를 매주 만들어서 판매했고, 무자본으로 법인 설립을 해서 돈을 버는 창업 사례를 지속적으로 만들면서 새로운 창업 생태계를 만들어가고 있다.

우리 사업은 초기에 진도가 더뎠고 주변의 우려도 많았다. 하지만 준비 없이 큰돈을 쓰고 창업했다가 실패해서 고통 받는 사람들이 더 이상 발생하지 않게 하자는 거대한 목표가 우리를 전진하게 만들었다. 시간이 지나면서 실제로 가시적인 성과들이 나왔고, 어떻게 무자본으로 창업이 가능한지, 어떤 아이템으로 창업하면 좋은지, 어떤 마인드로 해야 하는지, 해적창업이 무엇인지 궁금해 하는 분들이 폭발적으로 늘기 시작했다. 그리고 이 책을 집필하기 이르렀다.

이 책에서는 우리가 새롭게 정의한 창업의 3요소, 창업 아이템을 구체화하는 방법, 선매출을 만드는 방법, 가격을 비싸게 받는 법,

무자본의 개념 등 기존의 창업 교육에서는 들어보기 힘든 내용을 다루고 있다. 더 파격적인 것은, 실제로 이 방식들을 적용하여 현실에서 성과를 내고 있는 우리의 사업 모델들을 공개한다는 것이다. 우리의 중요한 자산일 수도 있는 사업 모델을 적나라하게 공개하는 이유는 단 한 가지다. 내 자녀를 비롯해서 앞으로 큰돈을 쓰고 창업 실패로 인해 고통을 받는 개인, 가정, 기업이 나오지 않게 하기 위해서이다.

스티브 잡스는 "해군에 들어갈 바에야 해적이 되겠다"라고 말하면서 애플의 시작을 해적 깃발로 알렸었다. 그와 마찬가지로 우리는 "해적이 되자"라고 이야기하고 싶다. 그러나 우리의 '해적'을 약탈의 의미로 해석하면 곤란하다. 좀 더 도전적이고 손해 보지 않는 방법을 남보다 빨리 찾아내어 그것을 사업에 반영시킬 줄 아는 능력이 창업자에겐 필요하다. 왜냐하면 자신뿐만이 아니라 가족, 회사 직원의 생계도 걸려 있기 때문이다.

미국의 주요 기업에서 한국 사람들이 주로 받는 평가는 '불평이 적고, 묵묵히 일해 주는 착한 사람'이라고 한다. 이것은 꼭 좋은 평가라고는 볼 수 없다. 눈여겨볼 점이 있는데, 주요 기업을 잘 살펴보면 CEO가 되는 인물들은 착한 사람이라는 평가를 받는 사람보다 자기 몫을 잘 챙기고, 손해 보지 않으려는 성향이 강한 인도 사람들이 많다. 마이크로소프트, 구글, 샌디스크, 노키아, 어도비 모두 인도 CEO가 경영한다.

세계인의 눈으로 본다면, 사업가로 인정받기에 한국인의 성향은 너무 착하기만하다. 그저 좋은 사람으로 남으면 누군가 도와줄 것이고, 그 힘으로 버틸 수 있다고 생각한다. 하지만 사업은 그렇게 운영되면 안 된다. 해적정신이 그래서 중요한 것이다. 해적에게 배 밖은 당장 어두컴컴한 바다이다. 여유 부리고, 이미지 관리하고 있을 시간이 없다. 기회가 있을 때마다 자원을 확보하고, 자원 관리를 타이트하게 해야 한다. 스타트업들은 당장 세일즈 현장에서 돈을 악착같이 벌어야 하고, 그러기 위해서 기존의 틀도 깨부술 줄 아는 도전을 거침없이 행할 필요가 있다.

이처럼 규정에 따라 움직이고, 계급에 따라 업무가 정해진 해군보다 창의성을 발휘하고, 전문성에 따라 업무가 정해지는 해적의 방식이 창업가에게 필요한 게 사실이다. 해적들은 당장 아무것도 없는 상황에서 자원 조달을 할 수 있어야 한다. 매일 생존의 문제로 씨름하면서 잠재능력을 깨워야 한다. 그렇지 않고 얻게 된 자본과 명성은 다른 해적이나 풍랑 앞에 쉽게 무너져 버리기 때문이다. 이것이 우리가 해적정신을 외치고, 창업가들에게 "해적이 되라"고 강조하는 이유다.

참고로 이 책은 공동집필 방식으로 만들어져서 1장, 2장은 최규철 대표가, 3장, 4장은 내가 이야기를 풀어간다. 20년 가까이 창업현장에 있던 선배와 그의 가르침을 받으며 새로운 창업혁명을 만들어가는 후배의 목소리가 잘 전달될 수 있기를 고대하면서 집필했다.

선후배가 함께 만들어가는 창의적인 창업 노하우를 활용해서 이 책을 읽는 독자들이 행복한 창업 라이프를 즐길 수 있기를 진심으로 바란다. 책에 나온 실제 사례들을 보면서 당신도 무자본 창업과 해적정신에 대해서 100퍼센트 확신할 수밖에 없을 것이다.

그리고 해적들의 창업이야기에 귀 기울이는 순간, 당신의 창업 자금은 0으로 수렴하게 될 것이다.

신태순 공동 저자

목차

추천의 글   4
프롤로그 | 해적들의 창업 방식에는 돈이 필요하지 않다   8

Chapter 1

내 돈도 쓰지 말고, 투자도 받지 말고, 대출도 없이 창업하라

01 무자본 창업 방식의 탄생   22
02 무자본 창업으로 자신을 검증하라   27
03 독이 든 잔을 마시고도 살아남아야 한다   35
04 회사가 성장하는가, 창업자가 성장하는가   41
05 굳이 남이 안 된다는 길을 가야 한다   46
06 무자본으로 실패하면 돈이 있어도 실패한다   53

무자본 창업 성공 사례 Ⅰ
❶ 무자본으로 강연회사 만들기   60
❷ 무자본으로 비즈센터 만들기   64

❸ 무자본으로 출판사 만들기   67
❹ 무자본으로 창업투자회사 만들기   69

Chapter 2

스타트업 성공을 위한
해적 창업의 3요소

01 돈에 의존하면 망하는 이유   76
02 무자본 창업이 성공하는 이유   83
03 해적들을 위한 창업 이론은 따로 있다   90
04 해적 창업의 3요소 – Ⅰ. 무자본   96
05 해적 창업의 3요소 – Ⅱ. 큰 목표   105
06 해적 창업의 3요소 – Ⅲ. 해적마인드   119

무자본 창업 성공 사례 Ⅱ

❺ 하루의 가치를 파는 회사   136
❻ 자유 시간의 가치를 파는 회사   139
❼ 인맥을 파는 회사   142
❽ 무자본 패션회사   145

Chapter 3

성공할 수밖에 없는 해적들의 창업 아이템

01 해적들의 창업 아이템 조건 - Ⅰ. 즉시 매출　　150

02 해적들의 창업 아이템 조건 - Ⅱ. 누구나 영업 대상　　158

03 해적들의 창업 아이템 조건 - Ⅲ. 비주류시장　　164

04 해적들의 창업 아이템 조건 - Ⅳ. 단순화　　176

05 해적들은 돈이 아니라 사람을 투자받는다　　184

무자본 창업 성공 사례 Ⅲ

❾ 인생을 게임으로 만드는 회사　　193

❿ 경매에 함께 투자하고 수익을 나누는 회사　　196

⓫ 우량기업에 투자하고 기다릴 수 있게 만들어주는 회사　　198

⓬ 원원 전략으로 점포 인수하기 : 무자본 점포 창업　　201

Chapter 4

해적들의 성공 전략
- 남들과 다른 길을 간다

01 사업계획서를 쓰지 않는다   206

02 먼저 판매하고 나중에 생산한다   215

03 고객은 왕이 아니다   223

04 마케팅을 하지 않는다   230

에필로그 | 인생 2막, 무자본 창업으로 시작하라   236

Chapter 1

내 돈도 쓰지 말고, 투자도 받지 말고, 대출도 없이 창업하라

01 START A BUSINESS WITHOUT MONEY

무자본
창업 방식의 탄생

> 우리는 절대 돈이 부족한 것이 아니다. 우리는 꿈을 가진 사람들이 부족하다.
> 그 꿈을 위해 목숨도 바칠 만한 열정이 있는 사람들이 항상 부족하다.
> – 마윈(알리바바 회장)

지금 생각하면 모두 부질없다는 것을 잘 알지만, 나는 2000년대 초에 전도유망한 사업가라는 소리를 들었다. 손을 대는 사업들마다 모두 이슈가 되었기에 평생 그럴 줄 알았다. 더 유명해지고, 사업을 더 키울 자신도 있었다. 많은 사람들이 나를 성공한 벤처 사업가라고 생각했고, 장난 반 진담 반으로 회장이라 불렀다. 하지만 그런 시기는 오래가지 못했다. 벤처 붐이 꺼지면서 기업들이 도산하기 시작한 것이다.

언제든 투자해주겠다고 줄 서 있던 투자자들은 모습을 감추었다. 회사에 현금이 돌지 않았고, 직원들 월급을 주기 위해서 사채에 손을 댔다. 나뿐만 아니라 당시에 사업을 크게 하던 사람들 대부분이 이와 같은 과정으로 돈에 영혼을 팔았다. 그런데 그것은 물이 없는 배에서 바닷물을 퍼마시는 격이었다.

돈 줄은 더 빨리 말라갔고, 체력은 급격히 떨어졌으며, 평생을 함께하자던 사람들은 연락두절이 되었다. 직원들 월급을 위해 사채에 손을 댔지만, 직원들은 월급을 제대로 받지 못했다고 노동부에 나를 고소했다. 빚은 눈덩이처럼 커져갔다. 나는 더 이상 서울에서 거주할 수 없는 상황이 되었다. 가족을 이끌고 아무 연고도 없는 지방으로 거처를 옮겼다.

해외에서 유학을 하고, 천재라고 인정받았던 창업자들조차도 나처럼 창업 실패의 칼날을 비켜가지 못했다. 생애 첫 실패를 경험한 사람에게도, 이미 여러 번의 실패를 경험한 사람에게도 이런 실패의 대가는 혹독했다. 수배생활, 감옥생활, 노숙자 생활, 혹은 극단적인 선택, 그리고 가족의 해체와 그로 인한 자녀들의 일탈까지.

사장님 소리를 들으며 추앙받던 인생을 즐길 때는 상상도 못했던 끔찍한 일들이 창업 실패 이후에 나를 기다리고 있었다. 나 역시 극단적인 선택의 문 앞에 여러 번 갔지만, 그럴 바에는 가족들을 지키기 위해서 무슨 짓이라도 하자는 쪽으로 마음을 굳혔다.

오랜 발버둥 끝에 나는 지방에서 학원사업을 통해 재기의 발판을 마련할 수 있게 되었다. 수십 명의 직원을 거느리며 사업할 때보다 스트레스는 훨씬 적었고, 시간적 여유는 많았다. 이때부터 이전에 내가 했던 사업에 어떤 문제가 있었는지 다른 관점으로 고민할 수 있었다.

그러던 차에 친한 친구가 스스로 세상을 등졌다는 소식을 듣게 되었다. 그 소식을 듣기 불과 2주 전에도 나는 그와 통화를 했었다. 친구는 나와 통화하면서 사업에 실패해서 힘들다는 이야기는 했지만 도움을 요청하지는 않았다. 나에게 얼마나 도움을 요청하고 싶었을지, 그 말을 뱉지 못해서 얼마나 답답했을지, 그 마음을 알아봐주지 못하는 내가 얼마나 미웠을지를 생각하면 지금도 목이 멘다.

친구의 장례식장은 썰렁했다. 살아갈 희망을 잃은 부인에게는 그 어떤 말도 위로가 되지 못했다. 그리고 초등학생, 중학생 두 아이는 아버지의 죽음을 어떻게 받아들여야 할지 모르는 눈으로 허망하게 앉아 있었다. 친구는 하청공장을 운영했는데, 잘 운영하다가 갑자기 사정이 어려워졌고 돈을 구하러 다녔다고 했다. 내가 그랬던 것처럼 친구도 사채에 손을 댔지만, 결국 사업을 일으켜 세우는 데 실패했던 것이다.

친구가 갚지 못한 빚은 10억 원이었고, 세상을 등지기 전까지 매일매일 사채업자들에게 모질게 시달렸다. 가장 친한 친구 중 하나인 나에게도 속 시원히 이야기를 털어놓지 못했던 친구는 마음의 짐을 이기지 못해 생을 마감했던 것이다.

작은 구멍가게를 하더라도 사업 실패는 큰 빚을 남긴다. 빚은 그것을 만든 사람뿐만이 아니라 그를 믿고 있는 가족까지 비극으로 몰아넣는다. 건실해 보이고, 유망해 보이는 기업들까지도 큰 빚을 져가면서 아슬아슬하게 사업을 유지하고 있다는 사실을 알면 많은 이들이 깜짝 놀랄 것이다. 거대한 기업들이 갑자기 도산했던 사례도 많다. 창업 성공 사례로 반짝 유명세를 탔다가 금방 창업 실패의 사례로 언급되는 스타트업도 흔하다.

'역시 사업은 시작하지 않는 것이 답일까?'

친구의 비보를 듣고 처음 든 생각이었다. 하지만 이내 나는 문제와 해결책을 고민하기 시작했다.

'사업을 하다가 실패해도 빚을 안 질 수는 없을까?'

나도 사업을 하면서 한 달에 수억 원씩 매출을 냈지만 언제나 고정비를 처리하다 보면 수익보다 지출되는 돈이 더 많았고, 의외의 사건사고로 항상 돈을 막을 일이 생겼다. 그러다가 어느새 이성을 잃고 사채에 손을 댔던 것이다. 정신을 차리고 사업을 정리해야겠다고 마음먹었을 때, 나는 이미 투자받은 수십 억 원을 까먹고 수억 원의 부채를 안고 있었다. 이자를 갚기만도 아찔한 상황이었다.

사업을 시작했다가 망하면 이런 비극을 당연하게 받아들이는 것이 바로 한국 사회의 문제였다. 이런 사회의 병폐를 내가 경험했는데, 이를 해결하지 않고 세상을 등지는 것은 자녀와 후대에게 큰 죄를 짓는 것이라 생각했다.

극단적인 어둠을 경험하면서 나는 빛을 발견하려 노력했고, 결국 내게 주어진 숙명적인 과제를 찾았다. 사업 실패 때문에 한 개인의 소중한 인생과 가족의 행복이 깡그리 부서지는 상황이 더 이상 발생하지 않게 하는 것이었다. 그리고 내 인생을 걸고 이전에 누구도 도전하지 않았던 실험에 착수했다.

세상에 모습을 거의 드러내지 않고 몇 년간 무자본 창업 실험을 하던 나는 마침내 그 해답을 찾아냈다. 이전보다 더 행복하게, 더 수월하게, 수익을 만드는 성과가 나기 시작한 것이다. 그리고 그 노하우를 '해적들의 창업이야기'라는 강의를 통해서 전달하기 시작했고, 내 이야기에 공감하는 사람들이 늘어났.

이 강의는 약 4년간 진행되고 있고 무자본 창업을 하는 이들이 점점 늘어가고 있다. 현재는 신태순 대표가 이 강의를 이어 받아서 노하우를 전수하고 있다. 오로지 오프라인에서만 전파되던 무자본 창업의 비밀을 이제 여기서 공개하고자 한다.

02 START A BUSINESS WITHOUT MONEY
무자본 창업으로 자신을 검증하라

> 많은 사람들이 실패하는 이유는
> 돈이 없어서가 아니라, 돈이 많아서다.
> – 마윈(알리바바 회장)

"저도 창업하면, 성공할 수 있겠지요?"

사실 이런 질문은 사주 보는 곳에서 들어봄직하다. 하지만 창업에 대한 강의를 하면서 내가 거의 매주 듣는 질문이기도 하다. 창업에 대한 두려움과 막연함이 있다면 당연히 할 수 있는 질문이다. 그런데 이 질문은 너무 막연하기 때문에 나는 역으로 다음과 같이 질문할 수밖에 없다.

"당신에게 창업이란 어떤 의미인가요?"

"당신에게 성공은 또 어떤 의미인가요?"

이런 질문을 받으면 대부분 당황한다. 그리고 그에 대한 깊은 고민이 담긴 답을 해주는 사람을 만나기도 좀처럼 쉽지 않다.

스스로 어떤 질문을 하는지 모르고 하는 질문은 받은 사람을 곤혹스럽게 한다. 하지만 절대 나쁘다고 말하는 것이 아니다. 충분히 그럴 수 있기 때문이다.

"저도 무자본으로 창업하면 당신이나 다른 회원들처럼 성공할 수 있을까요?"

이런 질문에 "무조건 됩니다"라고 단언할 수 있을 정도로 버터플라이인베스트먼트는 자신이 있다. 하지만 그런 말로 상대를 당장 안심시키기보다 질문자가 스스로 정말 성공할 수 있다는 가능성을 발견하도록 안내하는 것을 더 중요한 목표로 삼고 있다.

그렇기 때문에 나와 신태순 대표가 하는 강의와 컨설팅은 질문을 통해서 이전에 미처 생각하지 못한 창업의 고정관념을 인지하게 하는 작업이 주를 이룬다. 질문에 답하고 고민하는 과정을 거치면서, 스스로 검증하고 부족한 부분을 찾을 수 있는 능력을 배양하는 것이다. 그렇게 무자본 창업에 눈을 뜨고, 실행을 통해서 성과를 거두다 보면 무자본 창업을 완전히 자기 것으로 만들어갈 수 있다.

사업에 자본을 투자하지 않아서 망했다고 말하지 말자. 왜냐하면 자본이 없어서 망하는 사업은 자본이 있어도 망하기 때문이다. 그것도 더 처참하게 말이다. 왜 그럴까?

큰돈을 들여 사업할 때는, 잃으면 안 되기 때문에 주로 안정적인 방식으로 사업을 하게 된다. 기존에 있던 방식대로 다수가 가는 창업 과정을 밟는다. 그렇기 때문에 혁신이 일어나는 것이 거의 불가능하다. 같은 솔루션으로 경쟁하게 되고, 매출은 늘어도 업무와 고정비는 늘고, 이윤은 적게 유지하다가 사업하는 이유를 잊어버리기 십상이다. 사업이 잘되는 줄 알았는데 중간에 그만두거나 망한 사람이 주변에 있다면 그 이유를 물어보라. 대부분 위와 같은 경우일 것이다.

처음으로 돌아가서 "저도 창업으로 성공할 수 있을까요?"라는 질문을 다시 생각해보자. 이에 대한 답이 정말로 궁금하면 무자본으로 창업을 시도해보라. 잃을 것이 없음은 물론이고, 이 질문에 대한 답을 반드시 찾을 수 있을 것이다.

이쯤 되면 '점포 창업은 무자본으로 불가능하지 않을까?'라고 생각할 수 있다. 절대 그렇지 않다. 불가능해 보이는 일도 이미 가능하게 만든 사람이 반드시 존재한다. 혹은 그 길을 만들어가는 사람이 꼭 있다. 이 책에서 언급하는 사례들이 바로 그에 해당한다. 적절한 예시를 위해서 일부러 만들어낸 이야기가 아니다. 옆에서 지켜보면서 진행사항에 대해서 직접 이야기를 나눴던 사례들이다.

단, 주의할 점이 한 가지 있다. 창업에 돈을 들이지 않는 것을 부끄러워하면 안 된다. 당신과 고객이 원원하는 상황은 돈과 별개다. 이 책에서 말하는 사례들은 창업을 어떻게 바라보느냐에 따라 결과물이 달라질 수 있음을 이야기하고 있다.

이 책은 무자본으로는 안 될 것 같은 사업을 되게 만든 사례들로 가득 차 있다. 혹시 이 글을 읽는 지금 자신의 마음이 닫혀 있다고 느낀다면 잠깐 심호흡을 하면서 기분 좋게 공기를 들이마시고, SF영화를 본다는 느낌으로 책을 계속 읽어내려가길 바란다.

그럼 이제 무자본으로 점포창업을 시작한 사례를 하나 소개하겠다. 학부모들에게 실력을 인정받고, 학생들도 따르는 K라는 과외 선생이 있었다. 이 선생이 하는 수업은 특별했기 때문에 결과도 당연한 것이었다. 어떤 점에서 다른 수업과 달랐을까? 일반적으로 다른 수업에서는 학생이 문제를 틀리는 것에 집중하는데, K 선생은 잘 푸는 상황에서 칭찬하고 용기를 북돋는 데 초점을 맞췄다. 흔히 "칭찬은 고래도 춤추게 한다"는 사실을 모두가 알지만 가르치는 입장에서는 실천하기 힘든 부분이다.

이 방식의 수업은 인기가 있었고, K 선생은 더 많은 학생을 가르치기 위해서는 공간이 필요하다고 생각했다. 하지만 학원을 통째로 임대하기에는 위험부담이 존재했다. 그래서 처음에 시도했던 것이 바로 일부 임대 방식이었다. 동네에 있는 학원을 돌아다니면서 비는 시간에 학원 공간을 임대하기 위한 협상을 했다.

어떤 학원은 너무나 잘되고 있어서 굳이 이런 협상을 받아들일 필요가 없었다. 하지만 어떤 학원은 임대료조차 내지 못할 만큼 적자를 보고 있었고, 팔려고 내놓아도 안 나가서 걱정이었다. 이런 학원의 원장은 임대료만이라도 벌 수 있거나, 손해 안 보고 학원을 팔 수만 있어도 다행이라고 생각한다.

K 선생은 1주일에 1번 학원의 교실을 임대하는 계약을 맺었다. 학원은 굳이 이 제안을 거절할 이유가 없었다. 그리고 1주일에 1번 교실 1개를 임대하기 시작해서 과외 학생들을 늘려갔다. 학생이 더 늘면 분반을 해야 했고, 1주일에 공간을 임대하는 횟수는 2~3회가 넘어갔다.

이 상황을 지켜보던 학원장은 어땠을까? 배가 아파서 K 선생을 내쫓았을까? 길게 생각해보면 그것은 황금오리의 배를 가르는 짓이다. 어차피 학원 경영을 하면서 지칠 대로 지쳐서 학원을 내놓기까지 한 학원장은 K 선생에게 경영권을 주고 일부 수익을 나누는 형태로 모델을 전환했다. 물론 계약서를 작성하면서 일방이 손해나 이익을 가지지 않게 하는 것도 잊지 않았다.

실력 있는 K 선생은 자신의 실력을 실제로 입증해가면서 돈을 벌었고, 이미 있는 학원을 자신의 학원처럼 쓰게 되었다. 망해가고 있던 학원의 원장은 새로운 수익모델이 생겼고, 적자 문제를 해결해주는 사업 파트너를 얻었다.

카페도 이 방식으로 가능하지 않을까? 실제로 커피 매출을 크게 올릴 아이디어가 있는 한 바리스타는 좋은 조건에 임대할 수 있는 카페를 찾기 시작했다. 그러다가 식당 하나를 골랐다. 그리고 식당 한쪽의 공간을 빌려서 커피를 팔았다.

그 식당 역시 월 임대료를 내는 게 어려운 상황이었고, 식당이 팔리지 않아서 해법을 찾고 있던 차였다. 이 바리스타는 적자 나는 만큼의 임대료를 내는 조건으로 식당 공간에서 커피를 파는 계약을 맺었다. 단, 일반적인 판매 방식이 아니라 매출을 크게 만드는 기획을 가지고 공격적인 영업을 했다.

실제로 이 방법은 유효했고 기존 식당 공간을 분리해서 카페 공간을 따로 꾸민 지 1년이 채 안 되어서 이 카페는 1억 원의 권리금이 생긴 카페가 되었다. 식당에도 충분한 수익을 발생시켜주고 자신의 카페까지 생기게 된 것이다. 이는 1년치 커피 회원권을 할인해서 파는 방식이 만들어준 결과였다. 1년치 커피 회원권은 단골 고객을 만들어 추가 매출을 올릴 수 있게 해주었다.

당장 돈은 없어도 고객을 유치하고 매출을 키울 자신이 있다면 이미 있는 점포의 사장님과 시너지를 만들 수 있는 기회는 충분히 많다. 실력이 갖춰지지 않았는데 돈만 있으면 문제가 해결된다고 착각하고 무리해서 자금을 들여 사업을 시작하는 것만큼 위험한 것은 없다. 이렇게 시작해서 힘들어하는 자영업자들이 많다.

오해의 소지가 없길 바란다. 위의 사례들이 힘들어하는 소상공인을 찾아서 그들을 이용하라고 말하는 것은 절대로 아니다. 그들에게 발생한 문제에 공감하고, 그들의 문제를 같이 해결하며, 돈도 벌면서 무자본으로 사업 파트너가 될 수도 있고, 사업도 실제로 체험해볼 수 있는 솔루션으로 접근하는 것이다. 나의 문제도 해결하고 남의 문제도 해결하기 위해 노력하고 도전하는 과정에서 이런 아름다운 결과물들이 나오는 것임을 다시 한 번 강조한다.

이 밖에도 오프라인 사업이지만 무자본에 가깝게 시작해 성공한 실제 사례는 더 많이 찾아볼 수 있다. 어떤 사람들은 이런 사례를 보면서 "그건 특별한 사람들의 사례잖아요?"라고 이야기할 수도 있다.

물론 맞는 말이다. 그들은 특별한 사람들이다. 자본을 안 들이고 창업에 성공한 사람들은 투자를 받든, 대출을 받든 성공할 사람들이기 때문이다. 그런데 투자받고 대출받아서 창업하고 행복하게 사는 경우도 어차피 굉장히 특별한 경우다.

결국 돈을 들이든 안 들이든 창업으로 성공한다면 그 순간부터 당신은 특별한 사람으로 분류된다. 당신이 정말 창업으로 성공하는 특별한 사람인지 모르는 상황에서 무자본 창업은 좋은 베타테스트가 된다.

바로 성공하면 정말 좋겠지만, 이 테스트를 통해서 자신이 부족하다고 느껴도 괜찮다. 지속적으로 무자본 창업 방식을 습득하는 과정에서 안전하게 스스로를 단련시키고 특별한 사람으로 성장할 수 있기 때문이다.

03 START A BUSINESS WITHOUT MONEY
독이 든 잔을 마시고도 살아남아야 한다

> 내 첫 번째 회사는 크게 실패했다. 두 번째 회사는 실패했지만, 첫 번째보다 덜했다. 세 번째 회사는 조금 실패했고, 견딜 만했다. 네 번째 회사는 크게 만족할 정도는 아니었지만 그런대로 괜찮았다. 그 다음 다섯 번째 회사가 바로 페이팔(Paypal)이었다.
> – 맥스 레브친(페이팔 창업자)

자, 지금 당신 앞에 10잔의 커피가 놓여 있다. 따뜻한 느낌의 머그잔에 담긴 커피 10잔은 제각각의 향을 뿜내고 있다. 이때 당신은 제안을 하나 받는다. 커피 중 하나를 택해서 맛을 보라는 것이다. 그러면 100만 원의 돈을 준다고 한다. 여기까지는 즐거운 제안이라고 생각할 것이다.

그런데 정보가 하나 오픈된다. 10잔의 커피 중 1잔에는 마시면 즉사하는 독이 들어 있다는 것이다. 10%의 확률로 독을 마실 수도 있는 상황이라면 선뜻 커피를 택해서 마시겠는가? 당연히 아무도 이 제안을 받아들이지 않을 것이다.

설령 100잔 중 1잔에 치명적인 독이 들어 있다고 해도 이

제안을 받아들이는 것은 미친 짓이라는 생각에 동의할 것이다. 이런 실험으로 이야기를 시작한 이유를 지금부터 설명하겠다.

나는 여러 번 창업에 성공했다. 내가 창업하거나 관여한 회사들이 신문지상에 이슈가 된 적도 있었고, 운좋게 살아남아서 해당 시장을 선도하고 오랜 기간 성장하고 있는 회사도 있다. 하지만 나에게 성공적인 스토리만 있었다면, 지금 전파하는 창업 노하우를 절대로 발견하지 못했을 것이다. 오히려 나는 창업 실패를 더 많이 경험했다.

처음으로 창업할 때 나는 4년간 직장을 다니면서 모은 돈과 퇴직금, 그리고 지인들에게 투자받은 돈 5,000만 원으로 시작했다. 작은 오피스텔에서 직원 2명으로 시작했는데, 사업한다고 몇 달간 여러 가지 시도를 하다 보니 시작한 지 얼마 지나지 않아 창업 자금 5,000만 원은 금방 없어졌다. 하지만 운 좋게 금세 투자자를 만나 2억 원을 바로 투자받았다. 투자받은 김에 사무실을 이전했다. 좀 더 쾌적하고 넓은 공간이었다. 책상도 더 넣을 수 있었다. 그래서 직원을 더 뽑았다.

투자받고 6개월이 채 안 되어서 2억 원이 또 금방 동났다. 매달 수억 원씩 매출을 내다 보니 투자받을 자신이 있었고, 역시나 운은 나의 편이었다. 곧바로 10억 원을 또 투자받았다. 나는 돈이 떨어지면 도깨비 방망이를 가진 것처럼 투자자들에게 돈을 받을 수가 있었다. 10억 원을 받고, 전망이 좋은 최고급 사무실로 이전했다. 직원도 몇 배로 늘어났다. 그리고 그 10억 원을 까먹는 데는 1년이 걸리지 않았다. 이때 나의 문제를 알아챘어야만 했다.

이후에도 몇 번에 걸쳐 더 많은 돈을 투자받기에 이르렀다. 나는 이것이 모두 나의 능력이라고 생각했다. 그리고 잘나가는 벤처기업들 역시 거대한 투자금으로 돌아가고 있었다. 그들을 따라서 나도 추가로 사무실을 오픈하고, 직원들을 늘렸다. 사업 분야도 문어발식으로 늘렸다. 돈이 계속 생기다 보니 스스로 대기업인 줄 착각했던 것이다.

그러다가 벤처붐이 꺼지면서 투자 열기가 식고, 돈을 구하기 어려워졌다. 하지만 사업은 유지해야 했고, 고정비를 감당해야 했다. 그래서 대출을 받으러 다녔다. 이것이 어마어마한 불행의 시작이었다. 회사 이름으로도 빌리고, 개인 이름으로도 빌렸다. 가족, 친구, 친척 가리지 않고 돈을 빌렸다.

당시 나는 마치 돈을 빨아들이는 블랙홀과 같았다. 하지만 나의 화려한 창업 성공을 지켜봤던 지인들은 기꺼이 큰돈을 빌려줬다. 그래도 상황은 나아지지 않았고 나뿐만 아니라 돈을 빌려준 지인들까지 굉장히 곤란한 상황을 겪게 되었다. 채권자들은 매일같이 나에게 몰려들었다. 나는 벼랑의 가장 끄트머리에 서 있었다. 그리고 그 순간 나의 삶에 대해서 다시 생각하게 되었다. 성공과 실패를 다시 생각하게 되었다. 대한민국의 교육, 창업의 문제를 다시 생각하게 되었다.

모든 사람들이 꿈꾸었던 일로 성공을 이루지는 않는다. 성공했다고 말하는 사람도 과거에는 실패했을 수도 있다. 현재 성공했다는 말을 듣는 사람도 미래는 어찌될지 전혀 알 수 없다. 이렇게 보면 사실 성공이라는 말은 죽기 전까지 하기 힘든 말이다.

실패는 누구나 할 수 있다. 큰 실패든 작은 실패든 우리는 살면서 실패를 경험한다. 그리고 실패는 너무나 두려운 일이기에 사람들은 이를 피하고 싶어한다. 나 또한 마찬가지이다. 특히 사업에서는 더더욱 뼈저린 실패는 없어야 한다. 왜냐면 나와 나의 가족, 지인들이 비극의 늪에 빠지는 것을 경험하고 지켜봤기 때문이다. 사업 실패에 따르는 빚, 그리고 투자를 받으면서 불공평하게 맺은 계약들이 사업가를 극단적인 상황으로 내몰고 있다는 것을 나도 혹독한 대가를 치르며 깨달았다.

처음에 언급한 실험으로 돌아가보자. 커피잔에 독이 들었을 확률이 10%라 해도 아무도 그 잔을 마시지 않는다고 했다. 10%가 아니라 1%, 아니 0.1%라 해도 그 잔은 아무도 마시지 않을 것이다. 하지만 창업을 할 때, 사람들의 선택은 달라진다. 창업을 하면 실패 확률이 90%에 이른다. 경험이 없어서, 돈이 없어서, 공부가 부족해서, 인맥이 없어서 실패하는 것일까?

맥킨지 앤드 컴퍼니Mckinsey&Company는 세계가 인정하는 최고의 컨설팅 회사다. 유수의 기업과 정부를 컨설팅하고, 뛰어난 인재들만 모이는 곳이다. 이런 회사가 스타트업을 직접 운영하면 어떤 결과물이 나올 것 같은가? 사실, 이미 결과물이 나왔다. 수백만 달러의 손실을 내고 3년 만에 사업을 철회했다. 이들이 무엇이 부족해서 스타트업에 실패했겠는가?

모두가 부러워하는 스펙의 사람들이 모여서 창업해도 성공을 보장할 수 없다. 창업에 성공하기 위해서는 잦은 실패를 극복해야 하고 실패에 익숙해질 필요가 있는데, 그 과정에서 모두 손을 놓게 되기 때문이다. 혹은 실패를 인정하기 싫어서 돈을 투자받거나 빌려서 그 실패를 대충 가려놓기 때문이다.

창업자의 90%는 실패를 경험한다. 그런데 지금 대한민국에서 유행하거나 정석으로 알려져 있는 방식으로 창업하고 실패하게 되면 재기가 너무나 힘들다.

주변에서 사업 실패로 고통을 겪는 지인들을 봤으면서도, 자신만은 다를 거라 생각하고 창업에 뛰어든다. 내 아이디어는 뭔가 특별하다거나, 내 사업 파트너는 남다르다거나, 든든한 자금줄이 있다거나, 열정이 남다르다거나 하는 식으로 다들 성공을 자신한다. 하지만 지나고 나면 안다. 90% 확률로 독이 들어있는 커피잔을 마시는 행위를 했다는 것을.

창업해서 부자가 된 사람들이 언론을 화려하게 장식하고

있다. 그리고 성공에 대한 그들의 강연은 수시로 개최된다. 예비 창업자들은 이를 보면서 희망에 부푼 꿈을 꾼다. 사실 성공한 창업가들은 그들의 처절한 노력과 인내와 능력에 추가로 엄청난 운이 따른 것이다. 그들의 능력과 노력을 폄하하려고 하는 이야기가 결단코 아니다. 사업을 시작하면 온갖 난관들에 부딪치는데 자신의 능력으로 해결할 수 있는 부분과 운이 따라줘야 하는 부분이 존재한다는 것을 그들도 언급하고 있다.

극단적으로 말해서 운이 좋아야 창업에 성공하고, 운이 나쁘면 창업에 실패한다면 이런 도박 같은 선택에 본인과 가족의 운명을 다 걸 수 있겠는가? 비전과 꿈에 부푼 희망만 가지고 뛰어들기에는 너무나 가혹한 끝이 기다리고 있을지도 모르는 게 창업의 길이다.

독이 든 잔 9개를 다 마셔도 버틸 수 있는 전략을 가지고 창업에 뛰어들어야 한다. 그리고 마지막 남은 향기로운 커피를 여유 있게 마실 수 있는 체력을 가지고 있어야 한다.

04 START A BUSINESS WITHOUT MONEY
회사가 성장하는가, 창업자가 성장하는가

> 돈이 있어도 이상이 없는 사람은 몰락의 길을 밟는다.
> – 도스도예프스키

"법인설립을 할까요? 개인사업자로 할까요?"

창업을 앞두고 있는 사람들에게 많이 받는 질문 중 하나다. 나는 대부분 법인설립을 추천한다.

"아무래도 절세를 위해서는 그게 낫겠지요?"

그들이 이런 말을 하는 걸 보면 보통은 절세 때문에 법인설립을 많이 추천받는 것 같다. 하지만 매출이 크게 발생하지 않는 창업 초기에는 법인설립이 주는 절세는 큰 의미가 없다. 법인설립으로 시작하는 이유는 경쟁자들에게 내가 제대로 사업을 하겠다고 선포하는 효과가 있기 때문이다.

법인설립하는 과정을 흔히 사람이 탄생하는 과정에 빗댄다.

발기인들이 부모 역할을 하는 것이고, 복잡한 서류를 준비해서 여러 검증을 거치고 국가의 인정을 받아야 법인이 설립된다. 그래서 실제로 법인은 인격체로 대우를 받는다. 개인사업자에 비해서 법인설립은 비용 면에서도 절차 면에서도 까다로운 부분이 많다. 그만큼 나중에 폐업하는 것도 어렵다. 그래서 법인설립을 하면서 창업자는 사업에 임하는 마음을 남다르게 가질 수 있다.

법인설립을 추천하는 이유는 또 있다. 예전에는 법인설립을 하려면 자본금이 많이 필요했다. 물론 자본금이 없어도, 하루만 돈을 빌려서 잠깐 통장에 넣어두면 법인설립에 필요한 서류를 만들 수 있는 꼼수도 있다. 하지만 지금은 굳이 그렇게 하지 않아도 된다. 법인설립할 때 자본금의 기준이 파격적으로 완화되었기 때문이다. 또한 법인설립을 해서 1년간 운영하는 부대비용도 많이 축소되었다.

이런 이유와 환경 속에서 법인을 만들었으면, 이제 법인을 잘 키우는 것이 창업자의 목표가 된다. 보통은 넓고 그럴듯한 사무실, 사무실을 꽉 채운 직원, 거대한 매출, 다수의 고객을 만들어서 회사의 가치를 높이고자 노력한다. 이들은 물론 중요한 목표들이다. 하지만 쉽게 놓치는 부분이 있다. 바로 창업자의 성장이다. 위와 같은 목표를 이루는 동안에 창업자도 당연히 성장해야 한다. 그런데 회사가 처음부터 큰돈을 가지고 시작한다면 어떨까? 창업자가 헝그리 정신으로 성장할 수 있는 기회를 잡기 어렵다.

물론 사업 초기에 자금을 만들기 위해서 투자나 대출을 받는 준비를 하고 이를 성공시키는 과정에서도 창업자의 성장은 존재한다. 그런데 이렇게 구한 돈을 쉽게 쓰기 시작하면서 성장은 멈춘다. 사업 초기의 많은 자본금은 창업자의 진짜 잠재력을 끌어내는 데 방해요소가 된다. 돈이 있기 때문에 처음부터 회사에 필요한 직원들을 충분히 다 배치할 생각을 하게 된다. 아직 어떤 분야에 인재가 필요한지 파악하지 못한 상황에서 일단 직원을 넉넉하게 뽑고 나면 나중에 축소하는 일은 정말 어려워진다. 창업자가 초기에 업무를 다 파악하지 못한 상황에서 중요한 업무를 1명의 직원에게 일임하면, 혹시 그 직원에게 사정이 생겨 정상 업무가 힘들어졌을 때 회사는 업무 진행에 큰 타격을 받는다.

자본금 없이 시작한다면, 초기에는 창업자가 모든 업무를 다 해야 한다. 창업자가 대부분의 업무를 파악하고 나서 적재적소에 인재를 배치해도 늦지 않다. 그동안 창업자의 성장이 뒷받침되는 것은 기본이다.

창업 초기부터 많은 자본금으로 출발하면 광고비에 투자하고 싶은 유혹이 커진다. 직원을 뽑고, 광고를 많이 하는 것만큼 성과를 잘 보여줄 수 있는 것은 없다고 생각하기 십상이다. 하지만 처음부터 돈 쓰는 광고에 익숙해지면, 나중에 광고 없이는 매출을 발생시키지 못하는 악순환을 겪게 된다.

경쟁자가 광고를 하니까 어쩔 수 없지 않느냐고 물어볼 수도 있다. 맞는 말이다. 하지만 서로 피 튀기는 광고싸움을 언제까지고 계속하는 것이 당신이 원하는 사업의 모습은 아닐 것이다. 당장은 어쩔 수 없이 광고비 싸움을 하더라도 경쟁자와 완전히 차별화되는 사업 모델로 재정비하고 획기적인 상품을 준비해야 한다. 그렇지 않으면 한쪽의 자금이 바닥날 때까지 광고비 전쟁은 계속될 것이다. 물론 어떤 식으로 회사의 서비스와 상품을 기획해야 할지에 대한 고민의 해답도 뒤에서 자세히 언급하겠다.

큰돈이 익숙하지 않은 창업자가 큰돈을 운용할 수 있게 되었다고 해보자. 마음을 잠깐 가볍게 먹으면 회사 돈을 횡령하고 사치하는 데 쓰는 일이 쉽게 벌어진다. 작은 회사, 큰 회사를 가리지 않고 이런 일은 흔하게 일어난다. 돈이 많기 때문에, 사람이 그 돈의 힘을 감당하지 못하고 유혹에 넘어가기 때문에 발생하는 일이다.

돈 없이 시작해서 사업을 발전시키면서 직접 돈을 만들어봐야 창업자는 돈의 소중함을, 돈의 무서움을 알게 된다. 적은 돈을 벌면서도 감사함을 느낀다. 돈 없이 시작했기 때문에 헝그리 정신을 발휘할 수밖에 없고, 그러다가 이전에 몰랐던 자신의 능력을 발견하게 된다. 돈 이외에 자신이 이미 가지고 있는 자원을 발견하는 기회가 생긴다.

생각보다 돈 없이 활용할 수 있는 시설이 많고, 도와줄 사람도 주변에 존재하며, 유용한 무료 마케팅툴도 많다는 것을 발견하게 된다. 돈보다 더 소중한 것들에 대한 가치에도 눈 뜨게 된다.

창업자의 성장이 따라가지 못하는 회사의 성장은 창업자에게는 오히려 불행이다. 회사가 매출을 많이 내고, 직원이 많아지고, 멋진 사무실을 쓰면 당연히 창업자도 그에 걸맞게 성장했거나 행복할 것이라고 사람들은 생각한다. 하지만 화려한 회사의 명성과 다르게 행복하다고 자신 있게 이야기할 수 있는 창업자는 그리 많지 않다.

창업자는 회사의 성장 이전에 철저히 자신의 성장과 행복에 관심을 두어야 한다. 그리고 회사가 벌어들이는 돈의 속도에 맞춰서 혹은 그 이상으로 창업자가 성장하면 된다.

스스로 감당할 수 없는 돈은 엄청난 재앙이다. 창업자는 적은 매출부터 스스로 만들어보고, 바닥부터 쌓아보는 연습을 통해서 돈의 소중함을 절실히 느껴보며, 적은 돈도 제대로 컨트롤하는 것이 어렵다는 경험을 해봐야 한다. 그렇게 여러 번의 시행착오를 통해서 자신이 부족한 부분을 메워나가면서 성장했을 때, 회사와 창업자 모두가 돈을 초월해서 진정으로 행복해질 수 있다.

05 START A BUSINESS WITHOUT MONEY
굳이 남이 안 된다는 길을 가야 한다

> 자신이 대중과 똑같아질 때는 잠시 쉬고 고민할 때다.
> – 마크 트웨인

모두가 안전하다고 말하는 길이 정말 안전한 길일까? 퇴직을 앞둔 분들을 대상으로 하는 창업 박람회가 자주 열리는데 기회가 있다면 한 번쯤 방문해서 얼마나 치열한 경쟁이 벌어지는지 눈으로 확인해봐도 좋겠다. 그런 박람회에서는 퇴직금을 가지고 시작할 수 있는 창업 아이템을 중점적으로 소개하는데, 주로 소자본 창업, 무기술 창업이라고 언급되고 안전하다고 소개되는 호프집, 치킨집, 편의점, 카페 창업에 대한 안내가 대부분이다.

"우리나라 치킨집이 전세계 맥도날드 업체 수보다 많습니다."

창업에 관심이 있고, 관련 뉴스를 챙겨 보는 사람이라면 한번쯤 들어봤을 내용이다. 이는 절대 웃어 넘겨서는 안 될 현실이다. 해외에서 이 기사를 보면 한국 사람은 하루 세 끼 치킨만 먹고 사는 걸로 착각할지도 모른다.

기술이 없어도 괜찮고, 본사에서 준비를 도와준다고 하면 정말 안전한 창업일까? 비교적 안전하다고 말하는 곳에 취업하고 비교적 안전하다고 말하는 창업을 하는 것은 바꿔서 말하면 결국 치열한 경쟁 때문에 가장 안전하지 못한 취업과 창업을 하게 되는 것이다.

경쟁이 치열하다는 것은 부수적인 에너지 소모, 감정 소모, 비용 소모가 발생한다는 것을 의미한다. 물론 그 경쟁을 뛰어넘기 위한 열정을 보이는 사람들도 많이 존재한다. 하지만 그 과정에서 건강이나 가족 등 자신에게 소중한 것을 포기하거나 남을 완전히 짓밟고 올라서야 하는 상황도 발생한다.

이런 과정을 과연 행복한 삶과 연결할 수 있을까? 돈만 있으면 쉽게 할 수 있는 창업이 과연 해답이 될 것인가 하는 의문이 든다. 치열한 경쟁을 하다 보면 소중한 것을 포기하고 힘들어지는 것은 당연지사다. 그렇다면 남들이 안전하다고 말해주지는 않지만 내가 하고 싶은 일을 하면서 즐겁게 일하는 것이 낫지 않을까?

"하고 싶은 일을 하면서 즐겁게 일하는 게 현실에서 가당키나 합니까?"라고 반문할 수도 있다. 그러나 이것은 세상이 만들어놓은 고정관념을 인정하고 그 안에서 핑계를 대는 말일 뿐이다. 그렇다면 나는 이렇게 반문하겠다.

"그럼 하기 싫은 일을 하면서 어떻게 즐겁게 살 수 있나요? 처음에는 하기 싫은 일을 하면서 버티다가 하고 싶은 일을 한다고 하지만 정말로 사람들이 그런 기회를 잡던가요?"

애초에 하고 싶은 일을 뒷전으로 하고 타협했기 때문에 이후에도 내가 하고 싶은 일이 기회가 되어 오는 일은 거의 없다. 한번 타협했기 때문에 계속해서 타협해야 하는 이유가 생기고, 핑계를 만들게 된다. 이것은 일을 시작할 때부터 자신은 행복해질 사람이 아니라는 가정하에 출발하는 것과 같다. 물론 하고 싶은 일을 하면서 즐겁게 사는 사람들을 찾기가 쉽지 않기 때문에 의심하는 것은 당연하다.

나와 신태순 대표를 비롯해서 하고 싶은 일을 즐겁게 하면서 여유롭게 돈을 버는 사람들은 생각보다 많다. 언론에 잘 드러나지 않지만, 자신이 좋아하는 일을 하면서 가정도 잘 돌보며 행복하게 삶을 꾸리는 사람들을 많이 만나봤다. 나와 신태순 대표뿐만 아니라 우리와 함께 무자본 창업의 길을 닦은 여러 CEO들이 이미 그런 삶을 사는 중이다.

처음에는 이런 삶이 정말 가능할까 의심하지만, 이렇게 사는 사람들을 눈으로 확인하고 자신에 대한 믿음과 잠재력을 발전시키다 보면 자신이 하고 싶은 일을 하면서도 돈을 버는 것을 당연하게 생각하게 된다. 그리고 이런 것을 당연히 여기는 사람들이 주변에 많을 때 그렇게 변할 확률이 높아진다.

그래도 여전히 이런 삶은 특별한 경우로 다뤄진다. 열정이 있었기 때문에, 애초에 특별한 능력이 있었기 때문에 가능했던 것이라고 이야기한다. 이런 평가를 받는 입장에서는 기분 좋은 이야기이다. 하지만 그렇게 말하는 사람들 입장에서는 결코 좋은 일이 아니다. 자신은 변화할 가능성이 없다고 믿는 것이나 마찬가지기 때문이다.

나는 큰돈을 투자받고, 수십 번 창업을 하며, 주변의 인정을 받으면서 승승장구했지만, 결국 행복하지 못한 삶이었다는 것을 인정할 수밖에 없었다. 신태순 대표도 남들이 부러워하는 학벌을 가졌지만 타인의 눈치를 보면서 살았기 때문에 결코 좋은 시간만은 아니었다고 이야기한다.

승승장구하며 남들이 부러워하는 스펙을 쌓은 훌륭한 인재들이 막상 회사에 들어가서는 불만에 가득 찬 삶을 사는 것을 많이 볼 수 있다. 실패하지 않을 것 같던 창업가들이 빚을 지고, 그들의 가족이 힘들어지는 것도 주변에서 쉽게 볼 수 있다. 안정적인 길이라고 주변에서 끌어가는 대로 살다가 뒤통수를 맞고 세상에 대한 불신을 키워가는 것이 자연스러운 수순이 되어 가는 것 같다. 이것이 나의 세대에서 끝나는 것이 아니라 자녀 세대까지 전파된다는 것은 큰 불행이라 생각한다.

나는 반드시 대안을 찾아야 한다고 생각했다. 나와 내 가족을 위해서였다. 그러기 위해서는 우선 나부터 변해야 했고, 이전에 알던 정답 이외에 다른 답을 찾을 필요가 있었다. 처음부터 다른 답을 향해 왔다면 우리의 이야기는 진정성이 덜했을 것이다. 나와 신태순 대표 모두 남들이 부러워하는 길을 가다가 맞이한 의외의 실패 앞에서 이전과 다른 답을 찾기로 결정한 것이기 때문에 더 큰 의미가 있다.

처음에는 외로웠다. 허황된 이야기라고 무시하는 사람도 많았다. 우리가 이 사업을 시작하게 된 배경에는 전혀 관심도 없으면서, 뜬구름 잡는 이야기만 한다고 정신병자 취급을 하는 사람도 있었다. 어떤 사람은 돈이 없으면 자신이 돈을 투자해줄 테니 그 돈으로 창업하라고 따뜻한(?) 이야기를 건네주기도 했다. 그리고 하나같이 같은 말을 했다.

"왜 굳이 남이 안 된다는 길을 가려고 합니까?"

대답하자면 나의 자녀, 다음 세대들은 조금 다른 선택을 할 수 있는 기회가 열렸으면 좋겠다는 작은 바람 때문이다.

내 자녀가 창업한다면 우리가 가는 길로 창업하길 적극 추천할 것이다. 하지만 이것만이 답이라고 말하고 싶지는 않다. 더 나은 답이 있을 것이라 생각하고 우리는 앞으로도 계속 그 새로운 답도 찾아낼 것이다. 당장은 이전에 없던 창업 방식의 성과를 만들면서 다른 선택안도 세상에 존재한다는 것을 알리려고 한다. 누군가는 반드시 이 일을 해야 한다고 생각했는데 아무도 하지 않고 있었다.

황당한 꿈이라고 손가락질 받으며 어렵게 길을 닦았지만 내 자녀는 응원을 받으면서 자신의 꿈을 키우길 바란다. 신태순 대표와 내가 남들이 만류하고, 불가능하다고 말해도 절대 포기하지 않고 계속 무자본 창업 사례를 만들어내는 이유이자 원동력이기도 하다.

06 START A BUSINESS WITHOUT MONEY

무자본으로 실패하면
돈이 있어도 실패한다

> 필요하지 않다면, 투자받는 것에 대해 걱정하지 말라.
> 요즘은 예전보다 사업을 더 싸게 시작할 수 있다.
> – 노아 에버렛(트윗픽 창업자)

무자본으로 창업에 도전한다는 것, 선매출을 만들고 회사의 운영자금을 직접 벌어가면서 사업을 운영해보는 것은 일종의 예행연습이라고 할 수 있다. 사업에 완전히 실패하고 다시 사업에 도전했을 때를 대비한 연습 말이다.

'사업을 시작했으면 계속 성공할 생각만 해야지, 불길하게 망하는 연습까지 해야 하나'라고 생각할 수도 있다.

처음엔 나도 그렇게 생각했다. 자신이 망한다고 생각하고 사업을 시작하는 사람은 없을 것이다. 수억 원, 수십 억 원의 돈을 투자해서 사업을 하는데 망할 생각으로 하는 사람이 세상에 어디 있겠는가?

그런데 그렇게 많은 자금으로 사업을 시작했다가도 하루아침에 도산하는 회사들은 계속 생기고 있다. 우리나라뿐만이 아니라 수백억 원 투자를 이끌어내던 스타트업도 예외는 아니다.

보통 사업을 하다가 실패하면 재기가 어려운 게 사실이다. 하지만 창업을 결심했다면, 이런 극단적인 상황이 되더라도 다시 사업을 일으키고 살아남는 모습을 보여주는 게 창업자의 사명이다. 그리고 이 사명을 다하는 상황에서 창업자의 진짜 능력이 발휘된다. 망하고 나서도 다시 사업을 해야만 하는 이유, 살아남아야만 하는 간절한 이유를 기어이 발견해가면서 사업을 탄탄하게 다지는 경험을 하는 것이다.

돈이 많을 때는 문제를 돈으로 해결하면 되지만 바닥까지 간 상황에서는 돈 없이 해결하는 방법을 찾아내야만 한다. 이때는 돈에 의지하지 않고 자신의 잠재력을 발굴하고 극대화하는 경험을 자연스럽게 하게 된다. 생존을 위해서 이전에는 없었던 관점을 가지게 된다. 사업에 군더더기는 빼버릴 수밖에 없다. 이런 과정을 겪으면서 실패했던 방식과 완전히 차별화된 방법으로 사업 모델을 구축할 수 있다.

내가 고정비용도 없이 더 큰 이윤을 얻는 모델을 만들어내는 것도 위와 같은 과정의 결과물이다. 당연하겠지만 비용은 적게, 이윤은 크게 만드는 방식이 롱런하는 사업의 조건이다. 여러 번 망했다가 결국에 오래 살아남는 사업을 하는 창업자들은 이런 방식이 망하지 않는 회사의 조건이라는 것을 은연중에 알고 있다.

계속 강조하지만 큰돈을 들여서 사업을 했다가 크게 망하고 나면 재기는 불가능에 가깝다. 그러니 극단적인 상황을 굳이 체험하고 힘든 재기를 통해서 이런 사실을 깨닫지 말고, 사업 시작부터 망했다 생각하고 무자본 창업에 도전하라는 것이다. 이때만큼 아무것도 없는 게 편한 상황은 없기 때문이다. 신용불량자라서 당장 대출을 받지 못하는 현실이라면 괴로워하지 말고 오히려 감사하라. 그 덕분에 당신은 돈을 빌리러 다니는 비극을 끊을 수 있게 되었다고 생각을 바꾸고 자본이 없는 상태에서 성공할 수 있는 방법을 고민해라.

냉정한 이야기 같지만 무자본으로 창업에 도전해서 성공하지 못하면, 돈이 아무리 많아도 그 돈을 들여서 창업을 하면 안 된다고 믿어도 좋다. 만약 이 이야기를 흘려듣고 큰돈을 유치해서 돈 쓰는 것에 익숙해지고, 돈에 의지하게 된다면 무조건 돈 때문에 크게 후회하는 상황에 직면하게 된다.

자영업 창업을 하면 1년 안에 50%가, 5년 안에는 70%가 문을 닫는다고 한다. 물론 빚을 지면서 문을 닫는 게 대부분이다. 이 통계에서 우리가 알 수 있는 것이 있다. 애초에 창업을 해서 살아남는 것 자체가 굉장히 특별한 사례라는 것이다. 큰돈을 쓰고도 망하는 사례가 이미 굉장히 많다는 것을 기억하라.

그렇기 때문에 창업하기 전에 당신만의 특별함이 없다면, 일부러라도 그 특별함을 만드는 데 공을 들여야 한다. 그 특별함은 돈으로 대체할 수 없는 것이어야 한다. 그래서 주로 눈에 보이지 않는 마인드와 관점의 전환이 그런 역할을 하게 된다. 이 특별함이 있어야 돈과 상관없이 창업에 성공한다. 무자본으로 창업해서 성공하는 것도 이런 특별함을 기반으로 한다.

지금 유행하는 아이템을 찾으면 쉽게 시작할 수 있고, 광고만 잘하면 된다는 생각으로 창업을 준비한다면 좀 더 미루라고 이야기하고 싶다. 초기에 드는 비용 3억~5억 원쯤은 몇 년 안에 회수할 수 있으니 과감하게 돈을 투자하자는 생각, 초기 비용을 더 늘려서 사무실을 화려하게 꾸밀 생각, 무료 서비스를 제공하면서 이용자만 많아지면 언젠가 한방에 돈을 벌 기회가 올 것이라는 생각도 마찬가지다. 물론 이것들은 창업을 결심하는 사람들이 흔히 하는 생각이다.

성공하는 창업은 특별해야만 한다는 말을 기억하는가? 그러기 위해서 스스로에게 하는 질문은 좀 더 혹독해야 한다. 예를 들면 다음과 같다. '나는 손님이 없어서 권리금도 없는 곳을 6개월 안에 권리금을 받을 수 있는 장소로 만들어낼 자신이 있는가?' '나는 근방에 같은 업종이 들어와서 영업을 해도 흔들리

지 않고 매출을 지켜낼 노하우가 있는가?' '상품이 아직 미완성이라도 당당하게 고객들에게 돈을 받을 수 있는가?' '100만 명의 유저가 있어도 돈 못 버는 수많은 회사들의 문제를 나는 해결할 수 있는가?'

이런 질문에 망설이지 않고 확신에 찬 대답을 할 수 없다면 돈을 들여서 하는 창업을 더 고민해야 한다. 이에 대한 준비가 안 되어 있다면 설령 내 돈이 많더라도 창업을 하면 안 된다.

준비가 아직 덜 되었더라도 당장 창업을 하면서 위의 질문들에 대한 답을 찾고 싶다면, 무자본 창업을 하면서 답을 하나씩 찾아가는 방법이 있다. 자본 없이 시작하고, 사업 전부터 매출을 만들며, 지출은 거의 없는 방식으로 하는 무자본 창업 원칙을 적용하면 원하는 답을 찾고 목표를 이룰 때까지 버틸 수가 있다.

이미 한번 망했다고 생각하고 돈을 만들어내면서 사업을 이끌어나갈 고민만 하라. 이럴 경우 실패한다고 해도 인생에 큰 타격을 받지 않는다. 재기할 수 있는 여지가 항상 생긴다. 사업을 하면서 오래 살아 남을 수 있는 요소가 하나라도 더 있으면 사업의 성공 확률은 급격히 상승한다. 무자본 창업이 바로 그런 요소다.

인생에 한 번은 무자본 창업에 도전하라. 무자본 창업의 노하우를 내 것으로 체득하면 잘되든, 잘못되든 원하는 목표를 이룰 때까지 오래 살아남을 수 있다. 무자본 창업에 도전했는데 당장 결과물이 안 난다고 해서 돈이 없는 탓으로 돌리는 우를 범하지 말라.

오히려 큰 빚을 안 지면서 사업에 도전할 수 있고, 돈을 적게라도 벌면서 성장할 수 있음에 감사하는 시간을 가져야 한다. 무자본으로 해서 사업이 안됐다면 돈을 들여서라도 안됐을 것이기 때문에 사업을 안전하게 테스트할 수 있음에 감사해야 한다.

무자본 창업 성공 사례 I
무자본으로 강연회사 만들기
스쿨몬스터

스쿨몬스터는 현재 가장 활발하게 강의사업을 하고 있는 소셜러닝 사업체 중 하나다. 강연회사는 강사, 강의, 수강생, 그리고 공간이 있으면 된다. 그런데 강연회사를 창업하고자 하는 사람들은 처음부터 이 모든 것을 완벽하게 갖추고 시작하려고 한다.

스쿨몬스터는 그렇지 않았다. 스쿨몬스터는 최규철 대표가 듣고 싶은 강의 하나를 기획해서 지인에게 강의를 부탁하는 것으로 시작한 사업이다. 강의를 혼자 들으면 심심하기 때문에 강의를 함께 들을 사람을 블로그로 모집했고, 그렇게 강의사업이 시작되었다(스쿨몬스터 블로그: schoolmonster.kr).

블로그에서는 카드결제를 바로 받는 게 어렵다. 그러다가 발견한 것이 카드결제 문제를 해결해주는 '온오프믹스'라는 사이트였다. 온오프믹스는 누구나 무료로 사용할 수 있는 온라인 모임 홍보 플랫폼이다. 이곳에 강의 공지를 올리면 사람들이 강의 정보를 볼 수 있다. 그리고 마음에 드는 강의라면 바로 신청을 하면서 카드결제도 가능하다(온오프믹스: onoffmix.com). 스쿨몬스터는 블로그에 강의를 올리고 카드결제는 온오프믹스에서 받았다.

스쿨몬스터에게 특별한 점이 있다면, 다른 강연회사는 유명 강사를 모시는 것에 초점을 맞추지만 스쿨몬스터는 모든 사람을 잠재적 강사로 여긴다는 것이다. 강의할 역량은 있어 보이지만 자신이 없는 사람을 발굴해서 그 사람을 위한 강의를 기획하고 론칭했다. 이 방법으로 강의 종류와 숫자를 빠른 속도로 늘릴 수 있었다. 다른 강연회사들은 전문가를 강사로 만드는 데 초점을 맞추지만, 스쿨몬스터는 비전문가를 강사로 만들었고, 그들이 점점 전문가로 성장하는 데 도움을 준 것이다. 스쿨몬스터는 초보자를 위한 강연 시장에 초점을 맞췄고, 초보자의 마음을 가장 잘 아는 강사를 배치해서 수강생들의 마음을 살 수 있었다.

스쿨몬스터는 자체 강연장도 가지고 있지 않다. 보통 강연회사를 운영하려면 강연장을 소유해야 한다고 생각한다. 그런데 강연장을 소유하려면 큰 비용이 들고, 강의가 열리는 것과 별개로 고정비 지출이 발생한다. 강연장을 소유하지 않은 스쿨몬스터는 강연장을 빌려주는 전문회사와 제휴를 맺었다. 그래서 고정비가 들지 않았고, 강의 수입이 발생할 때만 비용을 지불하는 방식으로 사업을 5년간 진행해왔다. 토즈와 쎄임페이지 같은 곳이 스쿨몬스터가 대표적으로 활용하는 강연장이다.

스쿨몬스터의 강의가 진행되는 프로세스는 다음과 같다.

강의를 온라인에 공지하고 사람들이 수강료를 결제하면 그때 강의실을 예약한다. 강의가 끝나면 강의실 사용료와 강사료를 지불한다. 스쿨몬스터의 비용은 강의실 사용료와 강사료가 전부인데, 이는 수강료로 입금된 돈으로 지불된다. 수강료에서 강의실 사용료를 지불하고 남은 돈을 강사와 수익배분하고 있고, 당연히 이와 관련된 계약서를 강사와 작성하고 진행한다.

다른 어느 곳에서 듣지 못하는 특이한 강의만 만들어내다

한두 개의 강의로 시작해서, 강연장을 절대 소유하지 않는 방식으로 5년간 사업을 키워온 스쿨몬스터는 1년에 평균 4000명, 많게는 7000명이 듣는 소셜러닝 전문회사로 성장했다. 마케팅 비용을 들이지 않고 이렇게 규모를 키울 수 있었던 이유 중 하나는 특별한 강의 기획에 있었다. 다른 곳에서는 절대 들을 수 없는 방식으로 강의 기획을 한 것이다. 예를 들면, 연필인물화 2시간 만에 배우기, 스스로 특허 출원하는 법, 이기적으로 비즈니스하기, 하루 만에 책쓰기 등등 바쁜 현대인을 위한 강의 기획을 5년 전부터 시도했고 처음부터 큰 호응을 얻을 수 있었다.

스쿨몬스터는 작게 시작해서 규모를 계속 키우는 강연회사를 염두에 두었기 때문에 당장 활용할 수 있는 외부 자원에 집중했다. 그리고 매출이 발생할 때만 비용을 지불하는 방식을 고수했다. 그래서 스쿨몬스터처럼 회사를 운영할 때는 창업비를 걱정할 필요가 없다. 비용이 발생했다는 것은 매출이 발생했다는 뜻이기 때문이다. 벌어서 비용을 충당하는 시스템을 철저히 고집했기 때문에 가능한 일이다.

스쿨몬스터의 운영 규모를 보고 수십 명의 직원이 있는 것으로 오해하는 사람도 간혹 있다. 하지만 직원은 없다. 직원이 없기 때문에 상주 사무실도 필요 없다. 고정비가 거의 나가지 않는다. 그리고 회사 수익은 고스란히 스쿨몬스터 대표의 수익이 된다. 이것은 사업 시작부터 1명이 하루에 30분 정도만 신경 쓰는 것을 염두에 두고 키워왔기 때문에 가능한 일이다. 초반에는 정말로 일이 많지 않기 때문에 가능했고, 시간이 갈수록 업무가 익숙해지고 시스템화되었기 때문에 가능한 일이 된 것이다. 실제로 스쿨몬스터의 사업 방식에 추가로 SNS를 활발히 사용하면서 사업을 하고 있는 지인도 존재한다. 매출을 발생시키고 나중에 비용을 지불하는 창업 방식을 적용하면, 교육뿐만이 아니라 다른 어떤 아이템으로도 무자본 창업이 가능하다.

무자본 창업 성공 사례 I

무자본으로 비즈센터 만들기
비즈몬스터

창업자가 직접 법인을 설립하려면 준비할 일이 많다. 낯선 용어도 많고, 수십 장의 서류를 챙기는 것도 까다로워서 보통은 법무사에게 돈을 주고 법인설립을 맡긴다. 이때 50만 원 내외의 비용을 법무사에게 줘야 한다. 세무회계도 꼼꼼히 챙기려면 세무사나 회계사에게 장부관리를 맡기는데, 매월 최소 15만 원 내외의 비용이 발생한다.

또 회사 주소로 쓸 수 있는 사무실도 필요하다. 만약 직원이 없거나 상주할 필요가 없는 사업일 때는 주소지만 빌려주는 가상오피스 서비스를 이용해도 된다. 이 서비스도 월 15만 원 내외의 비용이 소요된다.

이렇게 기존에 있는 서비스를 활용하면서 최소한의 비용만 쓴다고 해도 회사 설립과 1년 유지 비용으로 500만 원 가까운 돈이 든다. 자본 없이 선매출을 만들어서 이 비용을 댄다고 할 때, 500만 원은 부담스러운 비용임에 틀림없다.

최규철 대표는 계속해서 주식회사를 만들 생각이었기 때문에 설립 비용을 100만 원 내외로 맞추려는 기획을 했다. 일단 비즈센터와 세무사와 법무사를 찾아다니면서 가격을 협상했다. 법인을 설립할 고객을 계속해서 소개하는 조건으로 가격 협상을 했고 그 결과, 법인 설립과 1년간 유지 비용을 100만 원 내외까지 맞출 수 있었다.

이렇게 외부자원을 활용하면서 점포 없이 더 크게 비즈니스센터 사업을 할 수 있는 기반이 만들어졌다. 그때 마침 수억 원을 들여서 비즈니스센터를 차리려고 계획하던 대기업 간부가 법인설립 비용을 혁신적으로 줄여주는 창업서비스 사업을 맡기로 하고, 최규철 대표와 함께 비즈몬스터를 설립하게 되었다. 비즈몬스터를 통하면 법인 설립 비용이 드라마틱하게 줄어들게 되었다. 비즈몬스터 또한 설립 비용만큼 사전매출을 만들어서 그 돈으로 법인을 설립했다. 당연히 창업자의 비용은 들지 않았다.

비즈몬스터는 자본금 100만 원인 주식회사다. 그럼에도 불구하고 개인과 법인 창업에 필요한 거의 모든 서비스(가상주소지임대, 세무기장, 비즈니스 서식 제공, 변호사 자문 등)를 원스톱으로 제공하는 유일한 회사로 성장했다(비즈몬스터: bizmonster.kr).

예전에는 모든 사람이 불가능하다고 여겼던 일을 가능하게 만든 것이다. 이 회사가 설립된 덕분에 이제 당신은 불과 100만 원 내외의 금액으로 주식회사를 설립하여 1년 동안 유지할 수 있게 되었다. 여기에는 물론 회사 마진까지 포함되어 있다. 비즈몬스터가 설립된 이후로 지금까지 500여 개의 회사가 비즈몬스터를 통해서 설립되었다. 그리고 이런 사례는 계속해서 늘어나고 있다.

외부 자원을 적극 활용하다

보다시피 비즈몬스터는 복합 사업이다. 예비창업자들에게 컨설팅, 부동산, 그리고 교육과 서비스를 제공하는 사업이다. 비즈몬스터 자체 인력으로도 일부 해결하지만, 대부분의 서비스는 외부 전문 업체와의 제휴를 통해 해결한다.

비즈몬스터와 같은 복합 사업을 한다고 하면, 흔히들 고정비가 많이 들 것이라고 생각한다. 하지만 이미 존재하고 있는 외부자원(비즈니스센터, 세무사, 회계사, 법무사, 변호사)을 사업에 활용할 수 있다고 믿고, 그들과 제휴를 맺은 것이다.

비즈몬스터도 고객에게 법인설립에 필요한 돈을 먼저 받고, 이후에 제휴된 업체에 정해진 비용을 지불하는 방식으로 운영된다. 매출이 일어날 때만 비용이 발생하는 시스템으로 철저히 진행했기 때문에 무자본 창업이 가능했고, 투자나 대출도 받지 않으면서, 적자를 보는 일 없이 비즈니스센터 사업이 성공적으로 안착한 것이다.

무자본으로 출판사 만들기
수학교재출판사업

최규철 대표는 지방에서 초중등 수학학원도 운영하고 있다. 그러면서 초등학생용 수학교재를 만들었고 출판에 도전했다. 하지만 권당 2,000만 원의 출판 비용이 필요하다는 이야기를 듣고 다른 방법을 찾기로 했다. 한 권의 책만 낸다면 그 비용을 지불했을지 모르지만, 수십 권의 책을 낼 계획이라면 이런 방식은 답이 아니라고 생각했다.

그래서 일단 운영하는 학원에서 먼저 돈을 받고 이 교재를 판매했다. 학생이 교재 비용을 지불하면, 미리 타이핑해 놓은 책의 원고를 프린터로 출력해서 예쁘게 제본하여 제공한 것이다. 이 방식이 가능했던 이유는 수학 교재가 아주 단순했기 때문이었다.

이 수학 책은 총 60페이지 분량으로, 한 페이지에 한 문제만 있다. 이렇게 교재를 만들어야 아이들이 수학을 즐길 수 있다고 생각했기 때문이다. 한 문제, 한 문제를 즐기면서 풀다가 부담 없이 한두 달 만에 책 한 권을 끝낼 수 있기 때문에 학생들의 성취도도 높았다.

이런 방식으로 최규철 대표는 50권 가까운 수학 교재를 만들었고, 학원 내에서만 수천 권을 판매했다. 학원 안에서 출발한 무자본 출판 실험은 성공적이었다.

이에 멈추지 않고 전국적으로 책을 출판하는 데 도전했다. 그래서 이 출판사업을 주도할 동업자를 찾았고, 책은 블로그 마케팅으로 판매되기 시작했다(아인슈타인수학: einstein.co.kr).

이렇게 시작한 출판사업 초기에도 고객들이 온라인에서 결제를 하면, 책을 프린트하고 제본해서 발송했다. 반응은 폭발적이었다. 그때 썼던 교재는 현재 '아인슈타인 수학'이라는 브랜드로 발전했고, 여전히 인기리에 판매되고 있다. 처음 출판사업을 시작할 때는 먼저 돈을 받고 나중에 인쇄하는 방식으로 시작했지만, 현재는 지속적인 수요가 있고 큰 매출을 내고 있기 때문에 굳이 이 방식을 사용할 필요가 없어졌다.

여기서 중요한 것은 제조업의 일종인 출판사업도 무자본으로 시작할 수 있다는 것이다. 제조업은 생산과 유통이 수반되는 사업이다. 그래서 제조업은 흔히 자본이 많이 소요되는 사업이라고 생각한다.

하지만 먼저 판매하고 나중에 제조하는 방식을 따르면, 제조업 프로세스에 선순환이 생기고 적자를 보지 않게 된다. 결국 창업자는 자신이 팔고 싶은 상품을 구상해서 선판매를 일으키고, 판매 규모를 조금씩 늘려가면, 시간이 갈수록 생산과 유통에 드는 비용을 절감할 수 있는 다양한 기회를 맞이하게 된다. 자신만의 효율적인 제조 프로세스도 생긴다. 이러면서 회사의 이윤은 더욱 상승하고 롱런하는 사업의 형태를 갖추게 되는 것이다.

무자본 창업 성공 사례 I

무자본으로 창업투자회사 만들기
버터플라이인베스트먼트

앞선 무자본 창업 사례들을 필두로 최규철 대표의 무자본 창업 실험은 하나씩 성과를 보이기 시작했다. 하지만 결정적인 큰 성과가 없었다. 최 대표는 무자본 창업 방식을 대대적으로 전파할 무자본 벤처캐피털 설립이 필요한 시기가 되었다고 생각했다.

 벤처캐피털은 창업자에게 자금을 투자하는 기업이다. 이 사업이야말로 자본이 가장 많이 필요할 것 같은 사업이다. 누구도 이에 이의를 제기하지 못할 것이다. 최규철 대표 역시 벤처캐피털을 무자본으로 창업하는 아이디어는 쉽게 떠오르지 않았다. 하지만 이것이 무산되면 예외를 인정하는 셈이 되었다.

 아무리 튼튼한 댐이라도 작은 바늘구멍 하나로 무너질 수 있다. 자연법칙은 예외 하나로 그 존재의 가치가 없어진다. 무자본 창업을 법칙으로 만들고 싶었던 최규철 대표는 끝까지 포기하지 않고 결국, 이 문제를 해결할 방법을 찾아냈다.

 어떤 사람이 투자자에게 10억 원 투자를 요청했다고 가정하자.

투자자는 10억 원을 실제로 투자하고 지분을 얻을 수 있다. 그런데 다른 방법도 가능하다. 그 사람에게 10억 원의 돈을 실제로 주는 대신, 그 사업을 무자본으로 하는 방법을 알려주고 방향 설정을 해주는 것이다.

10억 원을 절감시켜 주는 것은 10억 원을 실제로 주는 것 이상으로 가치가 있다. 자본금을 절감시켜주는 것도 투자와 같은 의미다. 비즈몬스터도 수억 원을 절감하면서 더 의미 있는 사업으로 탄생하지 않았던가? 무자본으로 시작할 수 있는 사업 아이디어를 제공하고 지속적으로 매출을 만드는 데 동참한다면, 회사의 CEO가 될 사람을 발굴해서 지분을 공유하고, 회사를 함께 키워가는 명분이 되는 것이었다.

최규철 대표는 '해적들의 창업이야기' 강의에서 이런 논리를 바탕으로 새로운 콘셉트의 벤처캐피털 아이디어를 공개하고, 몇 년간 공동창업자를 찾았다. 하지만 이에 대해 강력한 확신이 있는 사람을 만나지 못해서 지쳐가고 있었다.

그러다가 운명적으로 이 사업의 적임자이자 이 책의 공동저자인 신태순 대표를 만난 것이다. 두 대표는 무자본 창업에 대한 신념을 공유했고, 마침내 세계에 유례 없는 무자본 벤처캐피털인 '버터플라이인베스트먼트'를 설립했다. 그리고 계속해서 탄생하고 있는 무자본 창업의 사례를 버터플라이인베스트먼트의 이름으로 함께 만들어가고 있다.

무자본 창업의 인큐베이터가 되다

버터플라이인베스트먼트(butterflyinvestment.kr)는 어떤 사업이든 무자본으로 할 수 있다는 확신을 담아 사업 모델을 구체적인 문서로 제작해서 매주 월요일에 발송하는 버터플라이멤버십 서비스를 진행하고 있다. 창업에 관심 있는 300명 가까운 사람들이 연회비 110만 원인 버터플라이멤버십에 가입했고, 아이디어 문서를 정기 구독하는 회원이 되었다. 현재도 멤버십 회원의 숫자는 빠른 속도로 늘어가고 있다.

버터플라이멤버십 회원은 매주 받는 무자본 창업 아이디어를 가지고 스스로 창업할 수 있는 권리를 가진다. 그리고 버터플라이인베스트먼트와 상의 하에 그 아이디어를 제3자에게 판매할 수 있는 판매권도 가진다. 받아보는 아이디어로 사업을 시작하면서 버터플라이인베스트먼트의 경영 참여를 적극적으로 원하는 회원은, 업무와 지분에 대해 협의하고 계약을 맺을 수도 있다. 그러면 버터플라이인베스트먼트는 선매출을 낼 수 있도록 돕고, 구체적인 피드백과 미션을 주면서 CEO의 성장을 돕는다. 초기 매출부터 지속적인 매출 발생에 버터플라이인베스트먼트가 직간접적인 도움을 보탠다.

물론 멤버십 회원은 버터플라이멤버십 창업 아이디어로 독자적인 사업을 추진해도 된다. 실제로 독자적으로 무자본 창업에 도전하고 회사를 설립하는 회원들이 더 많다.

버터플라이인베스트먼트 또한 자본금 100만 원으로 설립했다. 그리고 설립과 동시에 버터플라이멤버십 매출이 발생해서, 첫 달부터 이익을 발생시켰다. 그렇게 한 달에 1명, 2명의 고객을 만드는 것에 집중하는 것부터 시작해서 성장해온 사업이다. 현재는 자체 매출도 크지만, 버터플라이인베스트먼트와 함께 창업을 한 다양한 법인들에서 발생하는 매출도 계속 늘어나고 있다. 그런 사업들의 사례와 비즈니스 모델도 이 책에 상세히 공개되어 있다. 최규철 대표 혼자서 해오던 무자본 창업 실험에 신태순 대표가 합류하면서 버터플라이인베스트먼트가 설립되고 대대적인 무자본 창업 생태계가 구축되어가고 있다.

Chapter 2

스타트업 성공을 위한 해적 창업의 3요소

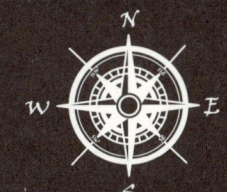

01 START A BUSINESS WITHOUT MONEY
돈에 의존하면
망하는 이유

> 돈은 머리에 넣고 다녀라. 절대로 가슴에 품지 마라.
> – 조나단 스위프트

당신이 창업을 한다면 창업 자금을 얼마로 시작하면 좋을까? 많으면 많을수록 좋다고 생각할 것이다. 10억 원이 있으면 좋고, 100억 원이 있으면 더 좋을 것이다. 하지만 나는 창업에 오로지 0원만 필요하다고 확신한다. 그리고 신태순 대표와 버터플라이인베스트먼트를 창업해서 이런 믿음을 계속 전파하고 무자본 창업 성공 사례를 만드는 중이다.

직장에 다니던 사람이 초기 창업 자금 3억 원을 가지고 사업을 시작한다고 가정해보자. 이때 3억 원은 어디에서 나왔을까? 이 돈에는 직장을 다니면서 열심히 모은 돈과 퇴직금이 포함될 것이다. 추가로 대출받고, 투자받은 돈도 들어가 있을 것이다. 사업 시작 전부터 3억 원이 창업자의 통장에 들어 있는 상황이다. 성공한 사업가들의 모습을 떠올리면서 자신도 곧 그런 사람들처럼 큰돈을 벌고, 책도 쓰며, 강의할 계획을 세울지도 모른다. 하지만 1장에서 강조했듯이 이렇게 돈을 마련하고 창업에 뛰어드는 것은 위험한 선택이다. 그 이유를 구체적으로 이야기하면 아래와 같다.

일반적인 창업 아이템을 선택한다

창업자는 이제 3억 원으로 무슨 사업을 어떻게 진행할지 생각할 것이다. 어떤 창업자는 트렌드에 맞춰서 모바일 앱 관련 사업을 할 것이고, 어떤 창업자는 창업박람회를 다녀보다가 이 자금으로 시작할 수 있는 프랜차이즈 가맹 사업을 선택할지도 모른다.

창업자에게는 이미 거액의 돈이 있기 때문에 이 돈과 맞바꿀 수 있는 더 안정적이고 검증된 사업을 찾게 된다. 이미 수요가 확인된 사업을 원한다. 그런데 이와 같은 사업은 일반적인 사업 모델이다. 즉, 돈이 있으면 누구나 시작할 수 있는 사업이기 때문에 경쟁이 더할 수 없이 치열하다. 경쟁자의 고객을 빼앗지 않으면 내가 죽는 사업이다.

운 좋게 빨리 시작하더라도 창업자가 자리를 잡을 때쯤에는 유행에 뒤처지는 아이템이 되거나 레드오션이 될 확률이 높다. 장기간 지속하기 어려워진다. 지속적으로 운이 따라야 살아남을 수 있다. 이런 현실 앞에서 많은 창업자들이 좌절을 맛보고 손실을 입게 된다.

돈 쓰는 아이디어만 낸다

통장 잔고를 보니 든든한 창업 자금이 들어 있다. 마음을 굳게 먹지 않는 이상, 그 돈을 아껴가면서 쓰는 것은 어렵다. 그리고 보통은 든든한 통장 잔고를 믿고 과감하게 돈을 쓰면서 준비를 하게 된다. 그럴듯한 사무실을 구하고, 컴퓨터와 집기도 사며, 간판도 화려하게 만든다. 한번 비싼 돈을 들이기 시작하면, 다른 곳에 돈을 쓸 때도 손이 커진다. 비싼 돈을 들여서 홈페이지를 만들고 처음부터 마케팅 대행사를 통해서 광고비를 지출한다.

창업자가 사업을 위해서 생각하고 움직이는 모든 것에 돈을 쓰게 된다. 왜냐하면 통장에 돈이 들어 있기 때문이다. 돈이 많으면 돈 쓸 곳이 계속 보이고, 돈을 쓰는 아이디어만 생각난다.

처음에 돈이 없었다면 가격 협상을 위한 전략도 짜고, 진정성으로 어필할 수 있는 프리젠테이션을 고민하면서 사업 모델이 탄탄해지고, 사업의 빈틈을 없애는 법을 터득한다. 그런데 돈을 써서 남과 같은 방식으로 막은 빈틈들은 창업자의 신경에서 멀어지고 관리도 어렵다. 그러다가 빈틈을 어설프게 막고 있었다는 것을 까맣게 잊어버리게 된다. 그렇게 관리가 안 된 빈틈들이 터지기 시작하면 사업 전체가 흔들리는 건 순식간이다.

나태해진다, 몸이 아니라 돈으로 해결

통장에 돈이 넉넉하게 들어 있다면 창업자는 나태해진다. 이번 달에 벌어야 할 목표를 세웠지만 달성하지 못해도 월급을 가져가는 데는 문제가 없기 때문이다. 통장에 돈이 있기 때문에 다음 달 생존에 영향을 받지 않는 것이다.

통장에 들어 있는 돈의 무게가 무거울수록 창업자의 몸도 무거워진다. 그렇게 창업자는 사육되는 맹수처럼 본능을 잃고 체력도 점점 잃어가게 된다. 버터플라이인베스트먼트를 비롯해서 우리와 함께 무자본 창업 모델로 매출을 내고 있는 회사들 대부분은 매달 통장 잔고를 비운다.

그리고 한 달간 매출을 내고, 잔고를 채워서 월급을 가져가거나 운영비로 쓴다. 3년이 되어가는 동안 버터플라이인베스트먼트도 매달 잔고를 비우고 있다. 물론 매달 새롭게 매출을 발생시키면서 원하는 목표를 채웠다. 매달 완전히 비웠기 때문에 새롭게 채우지 않으면 안 되는 상황이 되었고 날카로운 맹수의 본능을 지켜올 수 있었다.

고비용, 저효율의 사업이 된다

창업자의 통장에 잔고가 있으니 직원을 바로 뽑을 수 있다. 그래서 사업 출발부터 기획 담당 직원, 개발 담당 직원, 마케팅 담당 직원을 뽑아서 회사의 구색을 맞춘다. 창업 경험이 적은 창업자도 통장에 돈이 많다면 실무는 안 하고 사장 폼을 잡고 싶은 유혹에 빠진다. 처음부터 창업자가 실무에서 멀어지는 것은 위험한 일이다. 시간이 갈수록 회사에 대한 창업자의 통제력이 약해지기 때문이다.

물론 직원은 필요하다. 하지만 구색을 갖추기 위함이라면 이로 인한 비용도 만만치 않다. 많은 직원을 관리하는 담당도 따로 필요하고 창업자가 직원들과 커뮤니케이션하는 시간과 비용도 증가한다.

외근이 많고, 굳이 사무실이 필요하지 않은데도 지불되는 비싼 임대료는 비효율적인 고정비다. 이 또한 통장에 돈이 있을 때 쉽게 저지르는 실수다. 매출은 원하는 만큼 발생하지 않는 상황에서 비용만 과도하게 발생하는 구조로 시작하는 것이다. 그래서 무자본 창업 모델에서는 고정비가 드는 사무실 이용을 하지 않는다. 가상 주소지를 활용한다. 초기에는 디자인이나 자문 업무가 필요하면 그에 해당하는 전문가에게 컨설팅비를 지급하면서 업무를 커버하는 것이 훨씬 효율적이다.

폐업과 비극의 악순환이 계속된다

투자받고 대출받다가 사업에 실패하면 창업자는 사업에 들인 본전을 생각하게 된다. 그리고 그 동안 사업에 들어간 돈이 클수록 사업에 강한 미련을 갖는다.

그래서 창업자는 사채를 비롯해서 가능한 모든 방법으로 돈을 빌리면서 사업을 일으키려고 한다. 그러다 결국 폐업을 하면 그제야 자신이 키워놓은 빚을 제대로 인식한다. 그전에는 잘 보이지 않았던 빚들이 하나하나 눈에 들어올 때 그 공포는 엄청나다. 사업을 포기하는 상황에 놓일 때 남은 빚은 보통 초기 사업 자금의 2배가량이라 보면 된다.

창업자가 1억 원으로 시작했다가 폐업하면 2억 원의 빚이, 3억 원으로 시작했다면 6억 원의 빚이 생긴다. 이러면 원금을 갚기는커녕 이자를 감당하는 것도 버겁다. 게다가 창업자는 이미 신용불량자다. 이때부터는 채권자들이 창업자와 가족을 괴롭힌다. 이 때문에 가정을 유지하기가 어려워진다. 이런 과정에서 이혼도 발생하고 다양한 아동·청소년 문제가 발생한다. 그리고 적지 않은 사람들이 자살이라는 극단적인 선택을 한다.

지금까지 자금에 의존하는 스타트업이 잃게 되는 것들에 대해서 이야기했다. 많은 돈을 들여서 무턱대고 창업하면 초기에 잘되더라도 점점 큰돈을 통제하지 못하면서 이런 수순을 밟는다고 봐도 좋다. 내가 이 과정을 그대로 밟아봤기 때문에 누구보다 정확히 안다. 그리고 그것은 나뿐만이 아니라 내 주변에 날고 기던 유수의 창업자들도 유사하게 밟았던 과정이다.

돈이 많아도 절대 휘둘리지 않을 것이고, 자신만은 특별하다고 생각하는 독자가 있다면 마지막으로 한 번만 더 고민해보고 주변에서 창업의 실패와 성공을 골고루 경험한 사람을 더 만나보라고 당부하고 싶다.

누구도 예외는 없다. 명문 대학을 나오고, 유명 컨설팅 회사를 다니고, 대단한 인맥을 가지고도 큰돈을 컨트롤하지 못하면 실패한다. 큰돈을 가지고 시작해 돈을 쓰는 것에 익숙해져서 창업에 실패하는 사례는 끊임없이 찾을 수 있다.

창업은 더 이상 이런 방식으로 진행되면 안 된다. 돈이 없어서 창업에 실패하는 게 아니라 돈이 많아서 창업에 실패한다는 것을 더 많은 창업자들이 인지할 수 있길 바란다.

02 START A BUSINESS WITHOUT MONEY
무자본 창업이 성공하는 이유

> 비즈니스에서 중요한 것은 규모가 아니다. 자본금 50만 달러의 회사가
> 500만 달러의 다른 회사보다 더 많은 이익을 올리는 경우가 있다.
> 효율이 따르지 않는다면 규모가 핸디캡이 된다.
> – 허버트 카슨(비즈니스 서적 전문 작가)

무자본으로 창업한다는 것이 어떤 의미인지 정확히 파악하고 갈 필요가 있다. 무자본 창업이란 투자를 받지 않고, 대출 없이, 자신의 돈도 쓰지 않으면서 창업하는 것을 말한다. 무자본 창업이라 하면 단순히 비용이 들지 않는 창업으로만 생각하는 독자도 있을 것 같아서 다시 한 번 의미를 짚어보았다.

창업을 하면 비용이 들어가는 부분이 굉장히 많다. 하지만 무자본으로 시작하면 불필요한 비용을 더 고민하고, 절약하는 방법을 찾을 수 있는 기회가 더 생긴다. 비용이 들지 않는 창업 방식만 찾아서 사업화시키는 것이 절대 아니다.

비용이 많이 드는 사업이라도 무자본으로 창업하는 것은

백퍼센트 가능하다. 버터플라이인베스트먼트는 오히려 돈이 많이 들 것 같다고 말하는 사업에 일부러 뛰어들기도 한다. 버터플라이인베스트먼트도 현재 다양한 주식회사에 지분 참여를 하고 있고 앞으로도 계속해서 자회사를 늘릴 것이다. 무한대의 회사 지분을 가지기 위해서는 무한대의 돈이 필요하다고 생각하는 것이 일반적이다. 하지만 우리는 오히려 돈을 없앨 때, 무한대의 회사에 투자할 수 있다는 이론을 구축하고 실제로 현실화시켜가고 있다.

　　법을 어기거나 사기를 치지 않아도 가능한 일이다. 하지만 이런 일이 현실에서 벌어지고 있다고 하면 보통은 의심의 눈초리로 본다. 창업에 대한 고정관념에 사로잡혀 있기 때문이다.

　　"돈이 없지, 가오가 없냐?"라는 영화대사가 있다. 꼭 돈이 없는 사람만 무자본 창업을 해야 하는 것은 아니다. 돈이 많아도 일부러 무자본으로 창업해야 한다. 무자본으로 시작하면 사업이 불리할 것이라 예상하지만 그렇지 않다.

　　그렇다면 지금부터 돈을 빌리거나 투자받을 생각도 없는 상태에서 어떤 과정을 거쳐서 성공적인 창업의 단계로 가는지 함께 알아보자.

혁신적인 아이템을 찾게 된다

당신은 여러 사업가들이 줄을 서는 일반적인 창업 아이템은 선택할 수 없다. 개발이 완료되기 전까지 돈을 벌지 못하는 앱 사업도 할 수 없다. 일반적으로 앱을 개발하고 매출이 발생하기까지 기다릴 여유가 없기 때문이다(물론 버터플라이인베스트먼트가 앱 사업을 한다면 바로 돈을 벌면서 개발을 하는 방식으로 사업 모델을 만들 것이다). 유명 프랜차이즈 가맹점도 할 수 없다. 돈이 없어서 가맹비와 임대 보증금을 감당할 수 없기 때문이다. 구멍가게도 포장마차도 할 수 없다.

당신이 창업자가 되어 세상에 영향력을 미치고 싶다는 의지가 확고하다면 더 치열하게 무자본 창업 방법을 찾아내야 한다. 이런 제약이 있을 때, 다른 사람들이 쉽게 생각하지 못하는 방법을 만들 수 있기 때문이다. 이런 식으로 도출된 무자본 창업 아이디어들이 바로 스쿨몬스터와 비즈몬스터, 버터플라이인베스트먼트처럼 획기적인 아이템들이다.

돈 버는 아이디어만 낸다

치열한 고민 끝에 무자본 창업의 아이템을 찾았다고 해보자. 돈이 없기 때문에 사무실도, 점포도 낼 수 없고, 광고는 더더욱 할 수 없다. 하지만 무자본으로 사업을 성공시켜야 한다는 절실함은 돈을 쓰지 않고 매출을 내는 방법을 고민하게 만든다.

이런 상황이 되어야 비용을 들이지 않고 최대한 활용할 수 있는 외부 자원을 찾게 된다. 혹은 비즈니스 협상을 할 때 좀 더 파격적으로 협상에 임하게 된다. 제품을 미리 구매해서 고객에게 파는 것이 아니라 고객에게 먼저 팔고 그 돈으로 제품을 구해서 고객에게 전달하는 방식으로 사업 모델을 전환하게 된다.

처음엔 돈이 없으니 직원도 뽑을 수 없기 때문에 지인에게 업무를 부탁하는 경험도 하게 된다. 생각보다 나를 도와줄 수 있는 사람이 많다는 것을 알게 되는 것도 중요한 경험이고, 그들도 당신의 창업 출발에서 중요한 역할을 할 수 있다는 것에 뿌듯함을 느낄 것이다.

이런 부탁이 창업 자금에 쓸 돈을 빌려달라는 부탁보다는 훨씬 낫다. 부탁하는 정도가 커지면 빨리 매출을 만들어서 지인에게 사례를 하면 된다. 돈이 있었다면 쓰는 일에만 집중했을 당신의 머리는 이제 돈을 버는 일에만 집중하는 머리로 변하게 된다. 왜냐하면 당신은 돈을 빌리지 않으면서 당장 먹고사는 일을 해결해야 하기 때문이다. 배수의 진을 쳐야 본능이 살아나고 좀 더 적극적으로 해결책을 찾게 된다. 이 과정에서 창업자의 성장과 변성이 일어난다.

하루하루 긴장을 놓지 않는다

당신은 지금 비축해놓은 돈이 없다. 운영자금도 벌어서 써야 한다. 이번 달에 목표로 한 돈을 벌지 못하면 다음 달에 당신과 당신 가족은 굶게 된다. 당신은 이번 달에 사업을 통해서 벌어야 할 목표를 정해야 한다. 그리고 굶지 않기 위해서 기어이 그 목표를 달성해야 한다. 영업이 안된다고 저녁에 한가하게 친구와 술을 마시면서 넋두리로 시간을 보내지 못할 것이다. 어쩔 수 없이 친구와 술을 마셔야 하는 상황에서도 당신은 친구에게 당신의 상품을 판매하려는 시도를 해야 한다.

매일매일 사자우리로 던져지는 생닭을 먹으면서 자란 사자는 맹수 특유의 능력을 상실한다. 꼬박 꼬박 나오던 월급이나 사업계획서를 써서 투자받는 돈에 익숙했던 당신의 하루하루는 눈을 번뜩이며 먹잇감을 찾는 맹수의 본능을 일깨우는 시간으로 채워질 것이다. 이런 과정들이 당신의 사업에 진입장벽 역할을 하게 된다.

당신은 저비용, 고효율이 된다

당신이 CEO라도 통장에 돈이 없다면 하찮은 일까지 직접 해야 한다. 전단지를 만들고 배포하는 것도, 홈페이지를 만드는 것도, 간단한 관공서 일과 행정 처리도 모두 직접 해야 한다. 이런 일을 통해서 당신은 빠르게 실무를 익힐 수 있다. 그리고 짧은 시간에 많은 일을 처리해야 하기 때문에 업무 속도도 향상된다.

창업자는 이후에 직원이 생길 경우 일을 분배할 줄 알아야 한다. 그러기 위해서는 자신이 일단 모든 일을 직접 해봐야 한다. 고객이 늘고 매출이 늘면 일은 자연스럽게 늘어난다. 그럴 때 모든 일을 경험해본 당신은 중요도에 따라 업무를 배열해볼 수 있다. 전체적인 그림을 그리면서 덜 중요한 일은 생략해버릴 수도 있다. 그리고 핵심 업무에만 집중하는 전략을 구축할 수 있게 된다. 이렇게 하여 당신의 사업은 자연스럽게 저비용·고효율 사업이 되는 것이다.

성공하는 습관이 쌓이게 된다

돈 없이 사업을 시작하고 무에서 유를 창조하는 시간과 경험이 늘수록, 당신은 생존의 기로에 놓이는 경우를 여러 번 겪을 것이다. 물론 갚아야 할 돈이나 위험한 요소가 없기 때문에 아주 극단적인 상황은 발생하지 않을 것이다.

다만 매출이 크게 나기 전까지는 불편함을 감수해야 한다.

이런 경험이 생활력을 강화시키고, 사업 감각을 날카롭게 만드는 기반이 된다. 무자본으로 사업을 유지하기 위해서 매출은 높이고 비용을 줄이는 모든 노하우가 삶에 배게 된다. 돈 없이 창업하는 즐거움과 짜릿함의 가치를 알게 된다. 무자본 창업을 성공적으로 이끌어간다는 것은 시간적·금전적 자유를 극대화하는 것이다. 고효율의 사업만이 무자본 창업으로 성공할 수 있기 때문이다.

이 방법을 터득하게 되면 어떤 사업도 돈 없이 할 수 있다는 믿음이 생긴다. 그러면 자신이 하고 싶은 사업을 하나씩 무자본으로 만들 수 있다. 사업 실패에 대한 두려움도 없어진다. 사업을 중단해도 무자본으로 시작했기 때문에 밑져야 본전이고, 재기가 가능하다. 이래야 즐거운 실패가 가능하다.

돈을 들여서 시작한 창업은 실패했을 때 절대 즐거울 수가 없다. 비참함만 있을 뿐이다. 실패를 즐겁게 한다는 것은 성공을 더 자주 할 수 있는 밑거름이 된다. 성공의 습관을 빠르게 배우고 싶은가? 자주 실패해도 버틸 수 있고, 배움을 축적할 수 있는 무자본 창업에 도전하는 것이 최적의 방법이다.

03 START A BUSINESS WITHOUT MONEY

해적들을 위한
창업 이론은 따로 있다

> 작은 회사의 전략은 두 가지다.
> 살아남는 것과 돈을 버는 것이다.
> – 마윈(알리바바 회장)

세상에는 다양한 창업 사례와 창업 이론이 있다. 창업과 관련된 교육과 책도 수없이 많다. 그리고 그중에는 주류로 인정받는 창업 방향도 존재한다. 나도 그 창업 방향을 따라서 시작을 했었고, 주변 몇몇이 성공했다는 이야기를 들었지만 이후에는 다같이 비극을 맞이했다. 그렇다고 해서 이 방법이 무조건 잘못됐다고 이야기하는 것은 아니다.

    산전수전 다 겪으면서 마음의 중심이 선 사람이라면 어떤 방법으로 하더라도 창업에 성공할 수 있다. 하지만 평범했던 사람이 이렇게 성장하기까지는 기존 방식의 창업이 너무나 위험하다는 것을 이야기하는 것이다.

대학교 교재로 쓰이는 창업 이론이나 경영 이론만이 답이라고 생각하면 안 된다. 이런 교재에 나오는 내용들은 이미 자리를 잡은 회사들을 연구해서 나온 이론들이 대부분이다. 아직 아무것도 갖춰지지 않은 회사가 섣불리 그런 이론을 보고 따라간다면, 현실과 이론의 격차 앞에서 혼란에 빠지는 경험만 계속 하게 된다.

시작하는 시기에 맞는 창업 이론과 노하우를 바탕으로 창업을 진행해야 시행착오를 줄일 수 있다. 시작하는 창업자는 창업에 대한 환상을 품는다. 잘나가는 사업가들이 언론에 노출되고, 큰 금액을 투자받고 유명해지는 것을 보면서 자신도 그렇게 되고자 다짐한다.

하지만 창업에 성공한 사람보다 그렇지 않은 사람이 더 많다는 사실을 알아야 한다. 그리고 성공한 창업자처럼 보이지만 실제로 행복하지 않은 창업자도 있다는 것을 알아야 한다. 또 당장은 잘나가는 창업자지만 몇 년 안에 어떤 경쟁자가 나타나고 어떤 이벤트가 발생해서 한번에 무너질지 모르는 게 현실이다. 냉정히 생각해야 한다.

실제로 예전에 이슈가 되고 선망의 대상이 되었던 창업자들 중 여전히 같은 자리를 차지하고 있는 사람이 얼마나 될까? 성공한 위치에 있는 것처럼 보였던 사업가들이 했던 퍼포먼스나 사업 방식들이 창업의 정설처럼 알려져 있다. 언론과 미디어에서 그런 이야기들을 많이 다루기 때문이다. 하지만 그들이 실패하면 그 후의 이야기들은 듣기가 어렵다.

큰 실패를 경험한 후 재기에 성공한 사업가 중에는 실속 있게 사업을 하면서 가족들과 행복한 삶을 가꿔가는 것에 치중하는 사람들이 많다. 언론에 드러나는 것이 아무 의미 없다는 것을 잘 알고, 인생에서 어떤 것이 더 중요한지 알기 때문에 더 조용히 사는 사람들이 많다. 이런 사업가의 이야기는 세상에 알려지지 않는 경우가 많다. 그래서 스타트업들이 주로 듣는 이야기들은 많은 돈을 투자받고 잠깐 빛나는 회사나 이미 돈이 많아서 언론에 많이 노출되는 대기업들의 사례들이다. 이런 회사들의 노하우도 의미가 있지만 시작하는 창업가들에게는 반쪽짜리 노하우밖에 되지 못한다.

앞서도 강조했지만, 투자받거나 지원금을 받으면 많은 문제가 해결될 것이라고 이야기하는 것은 극히 일부 사람들에게만 효과가 있다. 이런 방식으로 성공할 사람들은 애초에 돈이 없어도 성공할 준비가 되어 있고, 시행착오를 겪은 사람들이다. 그래서 돈에 대해서 초연해진 사람들이다. 그리고 돈보다 사람이 중요하다는 것을 머리가 아닌 가슴으로 아는 사람들이다. 사업을 처음 하는 사람, 혹은 운 좋게 사업에 몇 번 성공했던 사람이라면 절대 경험할 수 없고 알 수도 없는 부분들이다.

여섯 살짜리 아이가 한 손에 1,000원을 들고 길을 잃은 것과 1억 원을 들고 길을 잃은 것 중 어떤 게 더 위험한 상황일까? 돈이 많기 때문에 더 쉽게 길을 찾아갈 것 같은가? 그렇지 않다. 돈을 많이 가지고 있는 것 자체가 정말 자신에게 도움이 될 것인지에 대한 진지한 고민이 필요하다.

큰돈을 컨트롤할 수 있는지 없는지도 모르고, 사업에 적합한 사람으로 성장했는지 아닌지도 모르며, 자신이 무엇을 좋아하는지도 모르는 사람에게 그럴듯한 아이템과 돈만 있으면 성공할 수 있다고 이야기하는 것은 무책임한 일이다.

무자본으로 사업을 시작해서 자신을 검증해야 한다. 무자본 창업에 도전하면서 자신이 실제로 부족한 부분을 찾고 배우는 연습을 해야 한다. 무자본 창업에 도전하면서 자신이 정말로 좋아하는 게 어떤 것인지 찾아보는 경험이 필요하다.

정말 미친 듯이 사업을 성공시키고 싶은가? 직장 생활보다는 자유로우면서 경제적 여유는 더 만들고 싶은가? 그렇다면 남들과 똑같은 방식으로는 절대 불가능하다는 것을 인정해야 한다. 무자본 창업 미션에 도전하면서 안전한 실패를 여러 번 경험하는 과정에서 자신의 한계를 발견하고 극복하면서 진짜 사업가가 될 준비를 하자.

이미 준비된 사람이라면 무자본 창업으로 시작해도 금방 매출을 내고 사업을 안정화시킬 것이다. 그냥 사업이 한번 해보고 싶어서, 사업이 멋져 보여서 창업하는 사람도 무자본 창업에 도전해보라. 이런 사람은 동기부여 요소를 찾지 못해서 사업을 금방 포기할 확률이 높다. 그래도 괜찮다. 큰돈을 들여서 시작한 창업이 중단되면 재기가 어려운 게 정상이지만, 무자본 창업 방식을 따르면 절대 그런 상황에 놓이지 않기 때문이다. 그럴 때는 다시 직장을 다니거나 파트 타임 일을 하면서 사업을 해야 할 이유를 좀 더 고민하고, 절실함을 찾으면 된다. 혹은 무자본 창업을 시도하면서 안전한 실패를 경험한 후 날카롭게 자신을 성장시키면 된다.

돈은 쓰지 말라고 말하면서 성장하라 말하고, 관점과 마인드로 극복하라고만 말하는 것도 창업을 준비하는 사람 입장에서는 무책임하게 느껴질 것이다. 그렇기 때문에 지금까지 무자본 창업 방식을 실험하면서 만들어온 실제 사례와 사례에서 발견한 이론들을 책에서 소개하는 것이다.

여기에 나온 이론은 대기업을 위한 창업 이론이 아니다. 스타트업을 위한 창업 이론이다. 대기업이라 불리는 회사가 되기 전까지는 이 이론을 따르는 것이 회사가 롱런하는 절대적 기반이 될 것이다.

04 START A BUSINESS **WITHOUT MONEY**

해적 창업의 3요소
Ⅰ. 무자본

> 정당한 소유는 인간을 자유롭게 하지만
> 지나친 소유는 소유 자체가 주인이 되어 소유자를 노예로 만든다.
> – 니체(철학자)

직장생활하면서 월급을 받으면, 그 돈으로 저축하고 생활을 꾸려나간다. 300만 원의 월급을 받으면, 어디에 얼마만큼의 돈을 써야 할지 계획이 생긴다. 내 수입만큼의 자본을 통제하고 적응하는 데는 시간이 얼마 걸리지 않는다. 20년 전 나도 그러했다. 월급 정도만 관리하다가 창업을 했다. 그러다가 금방 수십억 원의 창업 자금을 투자받게 된 것이다. 직장 다니면서 받는 월급에 익숙했기에 내가 수십억 원 단위의 돈을 통제할 능력이 없다는 것을 당시에는 몰랐다.

가난하던 사람이 갑자기 로또에 당첨되면 어떤 일이 벌어지는지 들어본 적이 있을 것이다. 로또 당첨자들을 조사한 결과에 의하면 이혼, 살인, 파산 등등 대부분 비극적 결말을 맞이했다고 한다. 이처럼 주인의 통제 능력을 벗어난 돈은 독이 되어서 주인을 괴롭히거나 위태롭게 만든다. 이제 시작하는 창업자가 거대한 자본으로 사업을 시작하면 분명 돈의 힘이 주인보다 더 세다. 그래서 힘이 더 센 돈이 주인의 생각을 지배한다. 그리고 시간이 갈수록 주인은 돈의 노리개로 전락한다.

성공과 행복을 동시에 이룬 창업가가 되고 싶다면 돈을 통제하는 능력을 키워가는 과정을 반드시 거쳐야 한다. 이것이 없는 상태에서 생기는 큰돈은 그 어떤 독보다 치명적이다.

그래서 창업의 첫 번째 조건은 무자본이어야 한다. 이렇게 시작해야 창업자는 돈이 왜 필요한지 알게 된다. 단돈 1원부터 통제하는 방법을 연습할 수 있고, 돈을 벌어가면서 점점 더 큰돈에 대한 통제력을 몸에 쌓게 된다.

무자본으로 시작해야 적은 돈이라도 그 가치를 알게 되고 그 돈을 쓸 때도 신중해진다. 또한 돈을 벌어야 하는 욕구도 강해지기 때문에 이전에는 없었던 사업가의 본능도 갖게 된다. 여전히 무자본의 개념에 대해서 명확한 그림이 그려지지 않는 독자들을 위해 이번 장에서는 좀 더 구체적으로 설명하고자 한다. 아래 설명을 보고, 해적들이 이야기하는 무자본이 어떤 의미인지 확실히 파악한 후 책을 읽어나가면 전체적인 그림이 좀 더 잘 보일 것이다.

내 돈을 쓰지 않는다

직장생활하면서 모은 돈, 퇴직금 등 일체의 돈을 쓰지 않는 것을 말한다. 그것은 당신이 많은 시간과 건강과 자유를 희생한 대가로 받은 피 같은 돈이다. 이렇게 귀중한 돈을 실패 확률이 높은 창업에 함부로 쓰는 것은 무모한 짓이다. 나는 직장생활을 하면서 저축한 돈으로 작은 집을 전세로 얻어 가정을 꾸리려고 했었다. 하지만 창업에 그 돈을 투자하면서 그 꿈은 한순간에 사라졌다. 당신이 힘든 직장생활을 하며 얻은 귀한 돈은 당신과 당신 가족의 행복을 위해서 쓰는 데 우선순위를 두길 바란다.

빌리지 않는다

부모님이나 친척에게 빌려서도 안 된다. 재산을 담보로 은행에서 빌려서도 안 된다. 신용으로 대출을 받아서도 안 된다. 나도 사업이 어려워졌을 때 부모님과 형제들이 나를 믿고 돈을 빌려주었다. 나중에 알고 보니 그들도 여윳돈을 빌려준 것이 아니라 사는 집을 담보로 잡히고 은행에서 대출한 돈이었다. 그리고 그 귀한 돈은 일시적으로 회사 생존을 연장해주었지만, 폐업을 한 이후에는 내게 가장 큰 심적 부담을 주는 짐이 되었다.

돈 빌리는 것을 절대 우습게 생각하지 말길 바란다. 시간이 지나고 나면 반드시 돈을 빌린 일이 후회될 것이다. 애초부터 돈을 빌릴 수도 있다는 가정을 없애버리고 시작하는 것이 좋다.

투자도 받지 않는다

투자받은 돈은 날려도 갚을 의무가 없다고 생각하는 경우가 많다. 그래서 가능한 투자를 많이 받으려고 한다. 하지만 이것은 잘못된 생각이다. 나도 100명이 넘는 개인과 기관들에게서 적게는 수백 만 원에서 많게는 수억 원의 투자를 받았다. 사업이 망하고 나서는 그들을 호의적으로 만날 수 있었을까? 절대 그러지 못했다. 그들도 자신에게 너무나 소중한 돈을 투자한 것이다. 더러는 나에게 저주를 퍼붓고 더러는 나에게 보복을 하기도 했다.

나는 주변에서 투자받은 돈 때문에 서로 원수가 되어 소송까지 벌이는 것을 많이 목격했다. 손해 보기 위해 투자하는 사람은 세상에 없다. 투자받는 돈도 부채라고 생각해야 한다. 그래서 가능하면 투자도 받지 말기를 바란다.

이와 같이 무자본의 개념을 세 가지로 구분해서 설명하면 많은 사람들이 의아해하며 다음과 같이 질문한다.

"그러면 도대체 무슨 돈으로 사업을 하란 말인가요?"

내 돈도 안 쓰고, 빌리지도 않고, 투자도 받지 않고 사업하는 방법은 존재한다. 게다가 그것은 누구나 시도할 수 있는 방법이다. 이것을 구체적으로 말하기 전에 왜 이렇게까지 하면서 무자본 창업을 해야 하는지 알아볼 필요가 있다. 그에 대한 답은 다음과 같다.

거대한 사업 모델이 가능하다

집이 있는 사람은 해적이 되지 못한다. 집을 지켜야 하기 때문이다. 땅이 있는 사람도 해적이 되지 못한다. 땅을 지켜야 하기 때문이다. 집도 땅도 잃은 사람이 해적이 된다. 그들은 하늘을 지붕 삼아서 바다의 주인이 되기 위해 세상을 가슴에 품는다.

모든 것을 잃으면 처음에는 절망을 경험하지만, 그 단계를 거쳐야 세상을 바꾸는 혁명가가 될 수 있다. 어차피 한번 잃어볼 것이라면 과감하게 내다 버리고 시작하는 것이 무자본 창업이다.

만약 당신의 수중에 1,000만 원이 있다면 당신은 그 돈으로 할 수 있는 일에 집착하게 된다. 하지만 그 돈마저 없다고 생각하면 당신은 그 전에 보지 못한 넓은 세상을 볼 기회를 얻는다.

그리고 해적처럼 바다의 주인이 되고 싶은 욕망에 눈뜨게 된다.

돈 없이 돈을 만들어내야 하는 힘든 상황을 타개하기 위해서 당신은 세상에 숨어 있는 자원들을 찾아내야만 하는 상황에 놓인다. 당신을 위해서 존재하는 자원들을 발견하는 것부터 창업자의 성장은 시작된다. 반드시 무자본으로 창업하라. 당신은 분명 더 큰 일을 하게 될 것이다.

세상에서 가장 큰 강연장을 가진 스쿨몬스터, 세상에서 가장 큰 투자회사인 버터플라이인베스트먼트, 세상에서 가장 큰 비즈니스센터인 비즈몬스터. 모두 무자본이기 때문에 더 거대한 사업 모델이 나올 수 있었다.

오히려 경영 기반이 확고해진다

자본이 있는 상태에서 사업을 시작하면 처음부터 직원을 거느리려고 한다. 그러면 당신은 실무에서 점점 멀어진다. 직원에게 업무를 의존하는 것을 당연하게 여긴다. 안타까운 이야기지만 모든 직원이 정직하고 성실하지는 않다. 하지만 실무를 모르는 창업자는 직원들을 제대로 통제하기가 어렵다. 이런 상황에서 자금 횡령이 일어나고, 직원들이 고객 정보를 빼돌리는 일이 벌어진다.

단 한 번 발생한 문제로 당신이 만든 기업은 순식간에 망할 수 있다. 작은 기업이든 큰 기업이든 상관없이 발생하는 일이라는 사실을 우리는 뉴스를 통해서 자주 접한다.

무자본으로 사업을 하게 되면 당신은 직원을 둘 수가 없다. 초기에 당신이 모든 실무를 직접 해야만 한다. 그러다가 사업이 궤도에 오르면 직원을 뽑아 당신이 하던 업무를 하나씩 맡길 수 있다. 그때는 이미 당신이 그 업무를 잘 알고 있기 때문에 직원을 통제할 수 있다. 직원을 직접 교육할 수 있으며, 업무를 교체할 수도 있다. 그렇게 하면 직원이 많아지더라도 당신은 회사를 통제하고 자신이 원하는 방향으로 이끌 수 있다.

무자본으로 사업하라. 그렇게 하면 더 확고하게 경영 기반을 다질 수 있다.

성취감을 만끽할 수 있다

재벌 2세는 사업에 성공하더라도 사업가로서 세인의 존경을 받는 게 쉽지 않다. 어떤 면에서 봤을 때 그들은 불행한 사람이라는 생각이 든다. 당신이 평범한 가정에서 태어나서 벤처사업을 통해 자수성가한다면 당신의 이야기는 책이 될 수 있고, 드라마가 될 수도 있다. 하지만 재벌 2세는 물려받은 사업을 잘 키워봤자 본전이다.

우리는 언론에서 많은 벤처 스타들을 본다. 인맥이 넓고, 화려한 경력을 가진 그들을 부러워하지만 그들처럼 되는 것은 쉬운 일이 아니다. 하지만 그들 이상으로 성취감을 누릴 수 있는 방법이 있다. 바로 무자본으로 사업하여 당신의 꿈을 실현하고 경제적 자유를 얻는 일이다. 그것은 아무리 벤처 스타라고 해도 감히 도전하지 못하고, 성공시키기 어려운 일이기 때문이다.

무자본으로 사업하라. 그러면 당신의 사업 규모가 크지 않더라도, 모든 사람들이 당신을 알아주지 않더라도 당신은 누구보다 큰 성취감을 맛볼 수 있다.

실패해도 일어설 수 있다

무자본으로 사업한다고 해서 무조건 성공이 보장되는 것은 아니다. 사업 성공은 사업을 하는 사람의 열정과 끈기에 좌우되는 부분이 크다. 하지만 무자본 창업은 최소한 한 가지는 확실히 보장한다. 무자본으로 사업을 하면 실패해도 빚이 남지 않는다. 그래서 실패를 해도 웃을 수 있다.

한 사람이 무자본 창업 방식으로 1년간 사업을 하다가 그만두기로 했다고 가정해보자. 그가 하던 사업을 그만두는 것은 엄

밀히 말해 실패라고 할 수는 없다. 재기할 여지가 충분하기 때문이다. 그런데 그는 왜 사업을 그만두었을까? 더 효율적인 수익구조를 만들 무자본 창업 아이템을 찾았기 때문이다.

최초 1년간은 무자본 창업을 배우는 소중한 경험이었고 그 경험을 통해서 새로운 것을 볼 수 있는 눈이 생겨 한 단계 더 도약할 수 있게 되었다. 그는 빚도 지지 않고, 사업을 통해 가족을 부양하고, 자신에게 더 어울리는 사업을 할 좋은 기회를 잡은 것이다. 그래서 실패했지만 그는 행복하게 웃을 수 있다.

05 START A BUSINESS WITHOUT MONEY

해적 창업의 3요소
Ⅱ. 큰 목표

> 작은 회사일수록 큰 뜻을 품고,
> 큰 회사일수록 디테일한 것을 말해야 한다.
> – 마윈(알리바바 회장)

스타트업 성공을 위한 창업의 두 번째 요소는 바로 '큰 목표'다. 큰돈을 벌겠다, 큰 사무실을 가지겠다, 유명해지겠다 등도 큰 목표라고 생각할 수 있다. 하지만 사업으로 롱런하기 위해서는 그 이상의 목표가 필요하다. 우리가 말하는 큰 목표는 정량적인 의미 이상을 담고 있다. '큰'이라는 단어에는 아름답고 또 매력적이라는 의미가 담겨 있다.

약 20년 전 처음 창업할 때 나는 다른 창업가들과 마찬가지로 트렌드를 검토하고 시장조사를 한 후 누구나 관심 가질 만한 아이템을 선택했다. 홈쇼핑이 태동할 때 홈쇼핑 벤더 사업을 했고, 인터넷 붐이 시작될 때 쇼핑몰 사업을 했다. 그 당시에 누구나 관심 가질 법한 핫한 사업에 뛰어들었고, 그걸로 내가 먹고 사는 문제를 해결하려고 했다. 나름 저돌적이었고, 투자도 잘 받았기 때문에 그렇게 시작한 사업들이 초기에는 대부분 잘되었고 시장에서도 선두를 달렸다.

하지만 이런 사업으로 돈 버는 사람이 많아지자, 시간이 갈수록 경쟁자가 많아졌다. 자연스럽게 가격 경쟁이 시작되었고 이윤은 줄어들었다. 나도 기꺼이 그 경쟁에 동참할 수밖에 없었다. 그것 말고는 방법이 없어 보였다. 주변에 알려진 화려한 창업가의 모습과 달리 사업에 대한 의욕은 점점 떨어졌다. 무엇을 위해서 내가 사업을 하는지 그 이유가 점점 희미해졌다. 잘나가는 회사의 창업자임에도 불구하고 나는 행복을 느끼지 못했고 오로지 남을 위해서만 일을 하고 있었다.

내가 사업에 크게 실패한 원인은 첫째로 자본을 마련한 것이다. 두 번째는 열정을 불태우는 매력적인 사업 목표, 즉 큰 목표가 없었다는 것이다. 그래서 사업을 완전히 실패하고 오랜 시간에 걸쳐 복기를 하면서 사업하는 목표에 대한 재정립이 필요하다는 것을 깨달았다. 사업을 통해서 이루고자 하는 것이 자신의 평생 목표와 일치하면, 사업은 더딜지언정 업무가 의미 없다고 생각하면서 후회하는 일은 없을 것이다.

죽기 전까지 꼭 이루고 싶은 매력적인 목표라면 시련이 있어도 포기하지 않고, 어떻게든 극복하기 위해 고민하게 된다. 시행착오에 즐겁게 맞서면서 평생 가야 할 목표를 향해 달려가게 된다. 사업을 중단하면 안 되는 동기부여 요소가 있기 때문에 당연히 사업의 성공 확률도 높아진다.

나는 창업할 때 동기부여를 해주는 큰 목표를 다음과 같이 정의했다. 큰 목표란 "당신이 겪고 있는 사회의 모순을 해결하는 것"이다. 내 사업이 잘되어서 나와 내 가족이 잘사는 것만으로는 강력한 동기부여가 되지 못한다. 왜냐면 이런 목표는 사업하는 사람이라면 누구나 다 가지고 있기 때문이다. 또한 이런 목표만으로는 다른 사람의 호응을 이끌어내는 것이 어렵다. 사업을 이끌어가면서 자부심을 지속적으로 느끼는 것도 쉽지 않다. 그렇기 때문에 그저 그런 목표를 가지고 창업에 임했다가는 중간에 만나는 암초 앞에 쉽게 좌초된다.

나 역시 처음에는 큰 목표가 부족했다. 수천 명, 수만 명이 하는 일을 똑같은 방식으로 하고 있는데 솔직히 그 일에 자부심을 느낀다는 것이 쉽지 않았다. 큰 목표 없이 사업을 진행하다 보면 한순간에 허무해지는 경우도 많았다. 쉴 새 없는 경쟁으로 인한 두려움과 스트레스로 밤잠을 못 이루는 때도 많았다. 시간이 지날수록 이렇게 사는 것이 과연 잘하는 것인지 의심이 들었다. 혹여나 이런 식으로 경제적인 안정을 얻는다고 해도 후회하지 않을 자신이 없었다.

　나는 진정으로 사랑할 수 있는 사업 목표가 필요했다. 그리고 어리석게도 그것을 외부에서 한참동안 찾았다. 주위 사람들이 중요하다고 말하는 것들에 의미를 부여했다. 그 사람들이 중요하다고 이야기하는 것에 귀 기울였다. 하지만 그것은 잘못된 방법이었다. 창업가의 사업 목표는 바로 자신 안에 존재하기 때문이다.

　부끄럽지만 나는 사업에 크게 실패한 후 도피생활을 했다. 이런 과정에서 나뿐만 아니라 가족까지도 너무나 큰 정신적·물질적 피해를 입었다. 나는 사업 실패가 얼마나 위험한 일인지 뼛속깊이 깨달았다. 사업하다가 망하면 자살까지 결심해야 하는 창업의 비극적인 결말, 우리는 왜 이것을 당연한 것처럼 여겨야 하는가? 이것은 명백한 사회적 모순이다.

　사업을 하다가 망하면 재기불능 상태가 되는 것이 과연 정상인가? 사람들은 이런 과정을 당연하게 여기는 것 같았다. 나는 나락의 끝에서 삶의 목표를 확실히 찾았다. 바로 사업 실패의 고통을 없애는 것이 삶의 과제가 된 것이다. 나도 사업 실패의 고통을 반드시 극복해야만 하는 상황이었다. 그렇기 때문에 나 자신을 위해서라도 처절하게 이 고통에서 벗어나는 방법을 찾아야만 했다. 결국 그 방법을 찾아내서 다른 사람도 나와 같은 고통에서 구하는 일을 하게 된 것이다.

　이것은 내 안에서 창출한 가치다. 자신을 위한 일을 하고, 이 가치를 전파하면서 사람들의 갈채를 받고 문제를 해결해주면서 적정한 대가를 취할 수 있게 된다. 나와 신태순 대표는 무자본으로 창업하는 시스템을 만들어서 세상에 전파하는 것을 사업 목표로 삼고 있다. 그래서 많은 사람들을 사업 실패의 비극에서 구하고자 한다.

　우리의 사업 목표를 다시 한 번 강조한다. 무자본으로 창업해서 매출을 만드는 시스템을 소개하고, 교육하며, 많은 사람들을 사업 실패의 비극에서 구하는 것이다. 이 같은 목표에 완전히 매료된 나는 그 어느 때보다 열정적으로 빠져들어서 사업을 전개할 수 있었다.

　물론 시작부터 계속해서 시행착오는 생기고 있다. 의심어린 시선도 많았다. 하지만 이 일을 너무도 사랑했기 때문에 지속할 수 있었고, 무자본 창업으로 시공간에 제약 없이 돈을 버는 창업자들의 사례를 만들어낼 수 있었다. 인생을 걸어도 좋을 만큼 큰 목표를 달성하는 것이기 때문에 중간에 위기가 와도 절대 포기할 수가 없다.

　앞으로도 마찬가지다. 버터플라이인베스트먼트는 세상의 모순을 해결하는 사업을 계속해서 만들어낼 것이다. 물론 무자본으로. 아무도 하지 않을 만큼 험하고 힘든 일이지만, 꼭 필요한 사업이기 때문에 나는 그 길을 선택했다. 그렇기 때문에 어려움에 즐겁게 맞설 수 있고 사업을 더 열정적으로 전개할 수 있다.

당신도 창업을 앞두고 있다면, 크고 매력적인 목표를 찾아야 한다. 그 목표는 반드시 사회의 모순을 해결하는 것이어야 한다. 그래야 더 즐겁고 열정적으로 그 일을 할 수 있다. 그런 상황에서는 경쟁자도 겁낼 필요가 없다. 오히려 웃으면서 그들을 환영할 수 있다. 사회모순을 해결하는 큰 목표 앞에서는 경쟁자도 동지가 되기 때문이다.

큰 목표를 가지고 있을 때 많은 사람들이 당신의 성공을 응원하고 기꺼이 도와주려고 나선다는 것을 기억하라. 상상만 해도 기분 좋은 일이 아닌가? 나만의 환상적인 큰 목표를 찾는 것은 창업을 준비하는 사람에게는 필수다.

여기서 중요한 것은 당신이 해결하고픈 그 사회적인 모순은 직간접적으로 당신이 결부된 문제거나 해결하고 싶은 문제여야 한다는 것이다. 당신이 겪고 있지 않으면 진정성을 발휘할 수 없기 때문이다. 당신이 문제를 겪고 있지 않으면 그 문제를 해결하는 사업을 하면서도 당신의 시간이 희생된다.

내 문제와 상관없는 사업으로도 시작은 가능하지만, 희생하는 사람은 진심으로 웃지도 못하고 오래 버티지도 못한다. 반드시 당신이 그 문제 안에 있어야 하고, 자신을 위해 그 문제를 푸는 입장이어야 한다. 그렇기 때문에 당신은 지치지 않고 그 일을 할 수 있다. 그래서 기어이 그 일을 완수할 수 있다.

당장은 그 문제를 잘 모르겠더라도 최대한 이를 염두에 두고 사업을 진행하면서 그런 문제와 목표를 발견하려는 시도를 반드시 해야 한다.

자, 지금 당신이 겪고 있는 사회의 모순은 무엇인가? 입시지옥, 결혼문제, 주택문제, 실업문제, 노인문제, 환경문제 등 산재한 사회문제들이 있다. 이 중 최소 한 가지 사회문제를 통해서 심각한 고통을 받고 있지는 않은가?

여기서 발견하기 어려우면 이보다 더 가벼운 문제에서도 모순을 발견할 수 있다. 예를 들면, 당신의 이상한 습관, 당신의 특별한 음주 취향에서도 모순이나 문제점을 발견할 수 있다. 그리고 그런 문제는 당신뿐만이 아니라 다른 사람도 겪고 있을 것이다.

어떤 분야든 상관없다. 당신이 가장 심각하게 겪고 있는 문제를 해결하면서 일단 당신이 먼저 살아야 한다. 그리고 그것을 발전시키고 전파해서 다른 사람을 감동시킬 수 있으면 된다. 당신이 크고 매력적인 목표를 가지고 사업을 하면 어떤 일이 벌어질까?

목표가 크면 비용이 줄어든다

스쿨몬스터는 장기적으로 세상에서 가장 큰 학원을 목표로 하고 있다. 세상에서 가장 큰 학원은 강의실이 몇 개 정도 있어야 할까? 세상에서 가장 큰 학원은 강사가 몇 명 있어야 할까? 내가 내린 결론은 다음과 같다.

가장 큰 학원은 이 세상의 모든 강의실을 가지고 있어야 한다. 그래서 굳이 돈을 들여서 전용 강의실을 구할 필요가 없다. 이 세상에는 이미 많은 강의실이 존재하기 때문에 필요할 때마다 내 것처럼 사용하면 된다.

가장 큰 학원은 이 세상의 모든 사람을 강사로 두고 있어야 한다. 그래서 몸값이 높은 강사를 둘 필요가 없었다. 모든 사람이 강사라고 생각하면 문제가 해결되기 때문이다. 필요한 강의가 있다면 그 분야에 조금이라도 전문성이 있는 누구든 강사로 초빙하면 된다. 학생이든, 주부든, 직장인이든 상관이 없다.

비즈몬스터를 창업하면서도 큰 목표가 있었다. 장기적으로는 세상에서 가장 큰 비즈니스센터가 되는 것이다. 가장 큰 비즈니스센터는 건물을 몇 개나 소유하고 있으면 될까? 소유하지 않아야 한다가 결론이다. 가장 큰 비즈센터가 되기 위해서는 이미 존재하는 세상의 모든 비즈센터를 내 것처럼 활용하면 된다. 그래서 비즈몬스터는 굳이 비용을 들여서 전용 사업장을 구할 필요가 없었다. 필요할 때마다 계약을 통해 제휴 사업장을 늘려나가면서 사업을 확장할 수 있었다.

신태순 대표를 만나 버터플라이인베스트먼트를 창업하면서 우리는 장기적으로 세계에서 가장 큰 벤처캐피털을 만드는 것을 목표로 잡았다. 가장 큰 벤처캐피털은 얼마의 자본금을 가지고 있어야 할까? 1조 원도, 10조 원도 가장 크다고 단정할 수는 없다. 세상에서 가장 큰 벤처캐피털이라면 무한대의 자금을 투자할 수 있어야 한다. 그래서 무한개 법인의 지분을 소유할 수 있어야 한다. 버터플라이인베스트먼트의 비즈니스 모델은 창업을 준비하는 사람이 어떤 사업을 하든지 무자본으로 가능하다는 확신을 심어주는 것이다.

그 확신은 실제 돈을 투자하는 것보다 훨씬 큰 가치를 지닌다. 이에 더해서 실제로 법인설립을 하는 데 개인 비용을 전혀 쓰지 않도록 선매출을 만들고, 운영자금을 벌고, 지속적으로 사업 모델을 발전시키는 데 참여한다. 이 방식대로 무한대의 투자가 가능하다. 얼마의 창업 자금이든 모두 다 제로로 만들어주는 것은 결국 무한대의 자금을 투자할 수 있다는 것과 같다. 그래서 버터플라이인베스트먼트는 회사에게 투자를 할 자본이 필요하지 않았다.

큰 목표가 있었기 때문에 필요한 돈이 줄어든 것이다. 당신의 뇌 속에 아직도 창업 자금에 대한 집착이 남아 있다면 목표를 키우고 또 키워라. 목표가 극대화될수록 필요한 자금은 0으로 수렴한다.

목표가 크면 열정이 커진다

2000년도 초에 쇼핑몰을 운영하며, 한 달에 수억 원씩 매출을 올리던 초창기에는 일하는 것이 재미있고 흥미로웠다. 하지만 점점 경쟁자가 늘고 이윤 걱정을 하다 보니 스트레스를 받고 일에 지치게 되었다. 모두가 뛰어들어서 경쟁하는 일을 내가 나서서 또 한다고 생각하니 흥이 나지 않았다. 결국 쇼핑몰 사업이 지겨워져서 웹에이전시 사업을 추가로 시작했다. 고객사에게 홈페이지를 제안하고 그들의 의견을 받아서 개발해주는 일이었다. 이 사업도 수익이 금방 났지만 역시나 수많은 경쟁자가 생겨 나는 곧 흥미를 잃고 말았다.

나는 계속해서 시장을 선도할 수 있는 사업에 눈을 돌렸다. 그리고 시장이 과열되면 지쳐서 이내 사업을 그만두었다. 그러다 보니 끈기가 부족하다는 말을 듣기도 했다. 어떤 일을 오래 할 수 있으려면 어떻게 하면 될까? 이에 대한 고민을 끊임없이 했고, 그 답을 찾았다. 바로 내가 하는 일을 세상에서 유일한 일로 만드는 것이다. 다들 좋다고 이야기해도 내가 싫으면 싫은 것이다. 오로지 내가 좋아하는 방식으로만 사업을 홍보하고 내가 좋아하는 서비스나 상품을 판매하는 것이다.

나는 사업에 크게 실패한 이후, 도피생활을 하다가 수학학원을 운영하면서 극적으로 재기에 성공할 수 있었다. 학원은 작았지만 나의 교육관을 철저히 반영해서 특별하게 운영했다.

수학학원은 전국에 널려 있다. 그래서 10만 개 중에 한 군데의 학원을 운영하는 것에 불과했지만 운영 방식과 콘텐츠는 유일하게 만들려고 노력했다. 그러다 보니 학원 일이 너무 재미있었다. 그 덕분에 이 학원을 10년 이상 꾸준히 운영할 수 있었다. 그러면서 사업 실패로 인한 빚도 많이 탕감할 수 있었다. 학원 외에도 지금 내가 개입해서 진행하는 모든 사업들은 내 마음에서 더 애정이 가도록 설계하고 유일한 사업으로 만들고 있다.

버터플라이인베스트먼트를 통해서 만들어지는 회사들이 지향하는 가치는 유일한 것들이다. 이런 원칙을 통해서 나는 경쟁의 스트레스에서 완전히 벗어났다. 애초에 경쟁을 하지 않는 사업으로 기획하고 만들기 때문이다. 그래서 나는 모든 사업을 즐기면서 열정적으로 할 수 있다. 물론 그 사업을 직접 운영하는 CEO도 이런 가치에 공감하는 사람들로 구성하고 그들의 잠재능력 개발과 성장을 열렬히 돕는다.

당신이 하는 사업이 재미 없거나 경쟁에 대한 스트레스가 심하다면 사업의 목표를 유일하고 특별하게 만들라. 남들이 안 된다고 말해도 괜찮다. 말이 좀 안돼도 괜찮다. 수요가 적을 것 같아도 괜찮다. 수요가 적더라도 열렬한 팬을 만들 수 있기 때문이다.

사업을 시작하는 당신이 그 목표를 사랑하고 자부심을 느낄 수 있는 것이 가장 중요하다. 그래야만 당신이 그 일을 오랫동안 열정적으로 할 수 있고, 중간에 어떤 장애물이 있어도 뛰어넘을 수 있는 동기가 된다. 그렇게 사업이 롱런할 때, 잡을 수 있는 기회는 계속 생긴다.

목표가 크면 사람이 모인다

목표의 중요성에 대한 마지막 사안은 인재다. 사업의 목표가 그저 그렇다면 인재를 구하기가 힘들다. 그래서 인재를 구할 때 돈 들여 광고를 해야 하고, 인재를 붙잡을 때도 돈이 절대적인 역할을 한다.

거금을 들여서 인재를 뽑았는데 금방 회사를 그만두려고 하면 어떻게 해야 할까?

일단 그 사람을 붙잡아두기 위해서 면담을 하고 더 나은 연봉도 제안하게 될 것이다. 그래도 그 사람을 잡아두기는 쉽지 않다. 많은 기업들이 인재가 없다는 불평을 한다. 하지만 기업이 원하는 인재를 찾고 또 붙잡아두는 확실한 방법이 있다. 첫 번째는 누구나 아는 바와 같이 높은 연봉과 복지를 제공하는 것이다. 하지만 그것보다 더 강력한 것이 있다.

회사가 가진 크고 매력적인 목표를 직원에게 제시하는 것이다. 나는 둘 중에 후자가 더 좋은 방법이라고 확신한다. 실제로 인터넷상에서 자신을 경매에 부친 한 청년이 있었다. 여러 회사가 이 청년에게 달콤한 제안들을 했다. 그러나 이 청년은 1억 원의 연봉 제안도 거절하고 연봉 1,000만 원을 주면서 기업의 특별한 문화와 가치로 어필한 회사를 선택했다. 연봉보다 더 중요한 것으로 인재를 잡을 수 있는 것이다.

버터플라이인베스트먼트가 인재를 구하는 방법도 이와 비슷하다. 우리가 하는 창업 강의를 통해서 진행하고자 하는 사업들의 목표를 소개한다. 우리의 목표는 무자본 창업 시스템을 전 세계에 전파하고 자본이 절대적으로 중요해진 창업 문화를 바꾸는 것이다.

이런 큰 목표를 강의에서 전파하고, 책에 소개하면서 만나게 된 여러 인재들이 우리 사업에 동참하고 있다. 이 일을 위해서 다니던 직장을 그만두는 사람도 있고, 학업을 그만두고 참여하는 사람도 있다. 그들이 기꺼이 이런 일에 동참하는 이유는 우리가 제시하는 큰 목표가 우리뿐만이 아니라 그들에게도 매력적인 목표가 되었기 때문이다. 그리고 그 문제를 함께 해결하면서 무자본 창업에 대한 확신을 가지고, 매출을 발생시키면서 행복한 사업가로 재탄생하고 있다. 인재를 구하는 데 어려움을 겪고 있는가? 그렇다면 기업은 오로지 사업 목표를 매력적으로 업그레이드하는 데 집중하면 된다.

06 START A BUSINESS WITHOUT MONEY

해적 창업의 3요소
Ⅲ. 해적마인드

> 네 믿음은 네 생각이 된다. 네 생각은 네 말이 된다. 네 말은 네 행동이 된다.
> 네 행동은 네 습관이 된다. 네 습관은 네 가치가 된다. 네 가치는 네 운명이 된다.
> – 마하트마 간디(인도의 정신적 지도자)

창업의 필수 요소 세 번째는 바로 해적마인드다. 해적마인드는 첫 번째, 두 번째 요소인 무자본과 큰 목표를 이어주는 사다리 역할을 한다. 앞에서 목표는 누구보다 크게, 자본은 반대로 제로인 상황을 만들라고 이야기했다. 상식적으로 말이 안 되는 것처럼 보이는 게 당연하다. 도대체 어떻게 더 큰 목표를 무자본으로 이룰 수 있다는 말인가?

이럴 때 반드시 필요한 것이 바로 '해적마인드'다. 해적마인드는 훈련을 통해서 기를 수 있는 부분이다. 어떤 게 해적마인드인지, 어떤 훈련을 통해서 키울 수 있는지 함께 알아보자.

불가능한 목표를 정하라

많은 사람들이 자신의 경험과 능력 범위 안에서만 목표를 정한다. 합리적인 선택이라고 말할 수도 있다. 흔히 목표는 달성 가능해야 하고, 비현실적인 것은 의미가 없다고 이야기하기 때문이다.

그런데 여기서 파생되는 심각한 문제가 있다. 바로 사람들의 목표가 모두 비슷해지고 심지어 똑같아져버리는 것이다. 공교육을 이수하면서 나 혼자만 특별한 경험을 하거나 특별한 능력을 발견하는 상황이 얼마나 발생할까? 거의 드물다고 볼 수 있다.

그러다 보니 결국 생각하는 목표도 비슷비슷해진다. 여러 사람의 목표가 같아지면 경쟁은 치열해진다. 그래서 성공하기가 더 어려워진다. 입학이든 취업이든 창업이든, 대한민국 국민이라면 치열한 경쟁으로 몸살을 앓는 것을 당연한 것으로 여긴다.

해적마인드는 인생의 경쟁에서 탈출할 수 있는 단초가 된다. 한마디로 말해 해적마인드로 창업을 바라보면 말이 되는 사업일수록 진정한 성공은 멀어진다고 할 수 있다. 왜 그런지 바로 이해가 안 된다면 다음을 더 읽어보자.

나도 예전에는 내 경험과 능력 안에서 현실적으로 목표를 정했다. 그래서 말이 될 것 같은 사업만 했고, 누구나가 괜찮다고 말하는 사업만 했다. 하지만 이런 사업은 금방 수많은 경쟁자를 만들었다. 지금도 흔히 볼 수 있는 상황이다. 뜨는 것 같은 창업 아이템이 있으면 금방 그 시장에 공급자들이 쏟아지고 포화상태가 되는 경우를 많이 목격했을 것이다.

경쟁자가 많아지면 기업은 상품 가격을 내리고, 서비스를 늘리는 등 제 살을 깎아내면서 경쟁력을 높이려고 시도한다. 시간이 갈수록 더 많은 노동이 필요하고, 더 많은 비용이 필요한 일을 해야만 하는 상황이 된다. 그리고 그런 상황은 누가 더 오래 버티나 하는 싸움으로 이어져 결국 승자도 패자도 상처뿐인 게임이 되어버린다.

놀라운 일은 처음 사업을 시작하는 사람들이 이런 프로세스를 쉽게 예상하지 못한다는 것이다. 사업이 어느 정도 정착되고, 시스템을 만들면 일을 적게 하면서 굴러갈 것이라고 긍정적으로 생각한다. 아마도 안 좋은 미래는 무시하도록 안내하는 창업 교육을 많이 들었기 때문인 것 같다.

더 많이 일하면서 기본적인 소득을 유지하는 것이 진정한 성공이라 생각하는가? 그것이 창업을 통해서 진정 이루고자 하는 목표인가? 창업에 도전하는 사람들은 절대 그렇지 않다고 말한다. 그랬던 창업자들이 창업 이후에 노동시간을 늘리고 매출을 늘려도 자신이 가져가는 돈이 적다는 것을 깨달으면서 혼란에 빠지는 경우를 많이 본다.

몇 배로 많이 일해서 그만큼 많이 버는 것은 진정한 성공이 아니라는 것을 꼭 인지하고 기억할 필요가 있다. 음식점을 열고 주말도 없이 하루 18시간씩 일하면서 직장 다닐 때보다 2배의 소득을 올린다 해도 그것이 성공적인 창업이라 이야기하긴 어렵지 않은가?

초반에는 큰돈이 들어오는 재미 때문에 버틸 수 있지만 시간이 지나면서 피곤해지고, 생각보다 자신이 취하는 소득이 적다는 것을 확인하면서 재미를 느끼기는 쉽지 않다. 당신이 현실적으로 사업 목표를 정하다 보면 이런 일이 벌어진다. 모두가 비슷한 아이템으로 유행을 따르는 사업을 하면서 치열한 경쟁을 한다. 이 과정에서 정말 행복한 사람, 정말 돈을 버는 사람이 누구인지 창업 전에 고민해볼 필요가 있다.

현실적인 목표는 해적들이 꿈꾸는 방향이 아니다. 그래서 해적들은 말이 되는 사업을 하면서 일정한 소득을 올리고 있어도 과감하게 접어버리고 말이 안 되는 사업에 뛰어드는 것을 선택한다.

우리는 자신의 능력을 잘 알고 있다고 생각한다. 하지만 이것은 대단한 착각이다. 대학입학 성적이나 자격증, 어학 점수가 우리 능력의 전부가 될 수 없다. 대부분 이런 수치를 자신이 가진 능력의 수치로 대치하는 오류를 범한다. 내가 나온 대학교, 집안 배경이 우리 능력을 평가하는 잣대가 되는 것을 더 이상 허락하지 말자.

외부에서 들이대는 잣대에 나를 맞추는 것을 과감하게 멈추자. 그렇게 하지 않으면 당신은 자신의 진짜 능력을 평생 모르고 살게 된다. 잣대에 맞추는 일도 맞추지 않는 일도 어차피 똑같이 힘들다. 그렇다면 이왕이면 내 진짜 능력을 발견하기 위해 잣대를 무시하는 선택을 해보자는 것이다.

당신은 살아오면서 경험한 것이 많은가, 경험하지 못한 것이 많은가? 해보지 않았지만 당신이 기꺼이 도전하면 해낼 수 있는 것은 무궁무진하다는 사실을 깨달아야 한다. 몇 번의 특별한 경험만으로도 충분히 이를 발견할 수 있고 당신의 진짜 능력이 무한대라는 확신을 가질 수 있다.

버터플라이인베스트먼트를 설립한 신태순 대표도 창업과는 거리가 먼 사람이었다. 하지만 계속해서 자신 안에 있는 무한한 능력을 믿고, 자기계발을 하고 있던 상황이었다. 그렇기 때문에 말이 안 되는 나의 창업 콘셉트를 잘될 수밖에 없는 사업이라고 받아들일 수 있었다.

그리고 지금 그는 세상에서 제일 말이 안 되는 창업 노하우를 훌륭하게 전파하고 있고 사례들을 만들어내고 있다. 창업 경험이 많은 베테랑이었다면 절대 불가능한 일이다. 이런 일들이 여러 번 있었기 때문에 나는 나와 다른 사람의 능력을 미리 한계 짓지 않고 있다. 그리고 그것은 정말 불가능해 보이는 일들을 가능하게 만들어줬다.

되는 방법을 기어이 찾아라

당신은 하루에 책 한 권을 쓸 수 있는가? 아마 불가능하다고 할 것이다. 하지만 나는 자신 있게 말할 수 있다. 그럴 수밖에 없는 상황이 된다면 누구든지 하루에 한 권의 책을 쓸 수 있다. 놀라지 말라. 사실 지금 당신이 보고 있는 이 책도 하루 만에 초안이 전부 완성된 책이다. 그리고 그 초안으로 실제 판매가 이뤄졌고, 출판사 계약도 진행되었다.

이 책은 하루랩이라는 회사의 책쓰기 프로젝트를 통해서 만들어졌다. 이 책의 초안을 작성하던 날도 곁에는 여러 명이 하루 만에 책쓰기에 도전하고 책을 완성시켜가고 있었다. 그리고 매달 이런 프로젝트를 통해서 하루에도 몇 권의 책이 만들어지고 있다.

이 프로그램 참가자 중에 누구도 하루 만에 책쓰기가 가능할 것이라 생각한 사람은 없었다. 불가능한 목표를 설정하고 기어이 그것을 이루는 방법을 찾아내면서 자신의 한계를 극복하는 것이다. 그런데 막상 도전해보면 생각보다 나 스스로 얼마나 대단한지에 대해 깨닫게 되고 자신의 능력을 발견하게 된다. 애초에 불가능하다고 생각했던 목표이기 때문에 밑져야 본전이라는 생각으로 즐기면서 도전하다 보니 창의적인 접근이 가능해져서 다양한 솔루션이 나오고 있다. 하루 만에 책 쓰기 사업 모델에 대한 구체적인 안내 또한 뒤에서 설명할 것이다.

창업 강의를 오래 진행하다 보니 사업 아이디어를 구상해서 검토를 받으러 오는 사람들이 많다. 보통은 빽빽하게 타이핑한 사업계획서를 보여준다. 어떤 사람은 그 계획서가 시장수요를 얼마나 잘 반영했는지 설문조사를 진행한 자료까지 제시하기도 한다.

그 문서만 보면 누가 봐도 말이 되고 꼭 성공할 사업 같다. 하지만 이런 사업은 반대로 성공 가능성이 희박하다고 생각하는 게 좋다. 누가 봐도 잘될 것 같은 사업은 이미 비슷한 사업이 내가 모를 뿐 어딘가에 존재할 가능성이 크다. 심지어 이미 경쟁이 치열할 가능성 역시 높다. 자신의 아이디어에 고무되어서 경쟁자들에 대한 조사는 뒷전인 경우도 많이 보았다. 경쟁자가 있다고 해서 이 사업을 못하는 것은 아니지만, 경쟁이 치열할수록 어떠한 스트레스를 받게 될지 생각하지 않고 시작하면 큰 코 다치게 된다.

누가 봐도 말이 되고 성공할 사업 같은데 경쟁자가 정말 없는가? 그래도 그 사업을 하지 말라고 말하고 싶다. 운 좋게 첫 주자로 그 사업을 시작하고, 잘되어도 문제다. 시간이 갈수록 수많은 경쟁자를 양산하기 쉽기 때문이다. 유행을 타면서 잘되던 사업이 금세 경쟁자를 불러들이면서 권리다툼에 고소고발이 난무하다가 한번에 다같이 몰락하는 경우는 흔히 볼 수 있다.

물론 창업자가 인맥을 통해서 수백억 원 정도는 쉽게 투자받고 친한 전문가들을 곳곳에 배치해서 치밀하게 사업을 진행하면서 밀어붙이듯이 시장을 석권한다면 가능성이 있기는 하다. 될 만한 사업을 되게 만들려면 큰 경쟁자가 나오기 전에 그 시장을 완전히 선점하는 게 중요하다. 하지만 선점하고 나서도 안심할 수 없다. 더 많은 자본을 가진 힘센 후발업체가 언제든 등장할 수 있기 때문이다. 그리고 그런 업체가 나타났을 때는 지속적으로 거대한 자본을 유치할 수 있어야 그나마 근근이 생명 연장을 할 수 있다.

당신이 이런 프로세스를 진행할 수 있는 사람이라고 확신한다면 그렇게 해도 된다. 물론 버터플라이인베스트먼트는 이런 사업에는 전혀 관심이 없다. 주변에 권하지도 않는다. 우리가 관심 있고 주변에 권하는 사업은 언뜻 들어서는 말이 안 되는 사업이다. 불가능에 가까운 사업들이 대부분이라고 보면 된다. 그래서 누군가가 불가능해 보이는 아이디어를 제안하면 관심을 가지고 더 깊이 있게 물어본다. 그런 사업을 추진하는 사람의 철학, 진정성, 그리고 절실함을 발견하기 위해서다.

이것을 갖추고 있다면 불가능해 보이는 사업을 가능하게 만들 방안은 이미 찾은 것이나 다름없다. 이런 사업은 경쟁자가 무시하거나 쉽사리 뛰어들 생각을 하지 못한다. 그래서 오히려 성공하기 쉽다. 버터플라이인베스트먼트에서 진행되고 있는 사업들은 전부 말이 안 되는 사업투성이다. 성공을 위해서 일부러 말이 안 되는 사업을 되게끔 만드는 일만 하고 있는 것이다. 버터플라이인베스트먼트는 그런 사업을 성공시키는 노하우를 많이 발견해왔다. 그래서 작지만 경쟁 없는 나만의 시장에서 여유롭게 사업할 수 있는 것을 가능하게 만들고 있다.

이런 사업은 이윤이 높고 일하는 시간은 적은 게 대부분이다. 지금도 계속해서 이런 사업들이 론칭을 기다리면서 창업자를 기다리고 있고, 예비 창업자들은 해적마인드 세팅에 열을 올리고 있다.

우리 모두 솔직해지자. 진짜 성공은 적게 일하고 많이 버는 것이다. 그리고 자신만의 콘텐츠로 사회의 문제를 풀고 열렬한 팬을 거느리는 것이다. 일단 일부러라도 당신이 할 수 없는 목표를 정하라. 그리고 기어이 그 목표를 달성하는 세련된 방법을 계속 연구하라. 이는 훨씬 빠르게 창업에 성공할 수 있는 길이 될 것이다.

물론 처음에는 어렵다. 하지만 경쟁자를 부르는 사업에 뛰어드는 것보다 성공 확률은 높고, 더 행복해질 수 있으며, 자신을 더 잘 알 수 있는 방법이다. 선택의 여지가 있는가? 해적마인드 정립을 통해서 당신은 누구보다 행복한 사업가가 될 수 있다.

부족함을 장점으로 인식하라

"큰 목표를 이루기에 저는 너무나 부족합니다." 사람들은 사업 앞에서 겸손해지는 것 같다. 그래서 자연스럽게 평범한 사업을 선택하는 것인지도 모른다. 그런데 막상 사업하는 형태는 대기업을 따라가니 아이러니다.

자신의 부족함을 인정하는 것은 중요하다. 하지만 창업으로 성공하고 싶다면 그것을 한 번 더 활용해야 한다. 부족함을 인정하는 것을 넘어서 이를 오히려 긍정의 요소로 활용하는 해적마인드를 장착하는 것이다. 하나가 부족한 것은 하나가 남는 것과 똑같다고 생각하자. 당신의 부족함은 다른 사람의 능력을 끌어들이는 역할을 하고, 오히려 당신을 더 특별한 존재로 만드는 역할을 한다. 이런 식으로 당신의 모든 부족함은 강점으로 변환시킬 수 있다. 처음에는 믿기지 않고 거짓말 같지만 더 행복한 사업을 하고 싶다면 지금 말하는 내용을 반드시 내 것으로 체득해야 한다.

나와 신태순 대표를 만난 사람들은 알겠지만 우리는 활발하기보다는 조용한 성격에 속한다. 사람 만나는 것을 그렇게 좋아하지 않는다. 사람들과 어울려서 노는 것보다 혼자 책 읽고 사색하는 것을 좋아한다. 상사에게 억지로 웃고, 동의하지 않는 말에 억지로 맞장구를 치기 힘들어한다. 둘 다 조직에 어울릴 수 있는 사람이 아니었기 때문에 창업할 동기가 생긴 것이다. 하지만 우리를 잘 아는 사람들은 모두 창업을 말렸다. 사업가는 활발해야 하고 사교적이어야 한다고 조언을 해줬다. 그래야 인맥도 잘 쌓고 영업도 잘할 수 있다는 것이다. 물론 틀린 말은 아니다. 그래도 창업의 꿈을 접을 순 없었다.

만약 이미 창업을 했는데 스스로 성격이 창업에 불리하다고 믿으면 그 사업이 과연 잘될까? 혹은 시작 전부터 창업에 불리한 성격이라고 믿어버리면 어떻게 될까? 열등감에 자신의 능력을 묻어버리면 아무것도 이룰 수 없다.

일단 지금의 내 성격이 창업에 유리하다는 논리를 세우는 게 낫다. 그리고 내성적이고 소심한 사람이 창업에 성공한 케이스는 없는지 적극적으로 찾아봐야 한다. 찾아보면 그런 예들은 너무도 많다.

내성적인 사람은 사람들을 만나는 데 신경 쓰지 않고 사업에만 집중할 수 있다. 내성적인 사람은 영업력에 의지하려는 생각이 적다. 그래서 사업 모델을 세련되게 만드는 데 강점을 발휘한다. 이렇듯 내 성격의 단점을 인정하고 긍정적으로 해석하는 훈련을 통해서 자신을 설득할 논리를 만들어내고 열등감을 완전히 떨쳐버리는 것이다.

새로운 사업을 시작할 때 경험이 없어도 버터플라이인베스트먼트는 과감하게 뛰어든다. 이를 보고 주변에서는 애정 어린 충고를 한다. 적어도 3년 정도는 그 업계에서 경험을 해보라는 것이다. 고마운 말씀이지만 그 충고를 따르는 게 쉽지 않다.

조직에 들어가기 싫어서 창업을 하려는 사람에게 업을 경험하기 위해 조직에 들어가야 한다는 것은 말이 안 된다. 경험이 없는 것이 불리하다고 생각될 때는 또 새로운 논리를 만들면 된다. 직장에 들어가서 3년간 경험하면 5년 경험한 사람보다는 모른다. 5년 경험하면 10년 한 사람보다는 못할 것이다. 경험해본 후 창업을 해야 한다고 따지다 보면 영원히 새로운 일을 시작하지 못하게 된다.

그럴 바에는 차라리 경험이 없는 것이 낫지 않을까? 그리고 경험이 없을 때 유리한 점은 무엇인지 고민해보자. 이렇게 접근해야만 새로운 관점에서 혁신적인 사업을 하기가 쉽다. 이 한 가지로도 충분하다. 혁신적이려면 경험은 필요 없다. 경험이 없어서 오히려 다행이라고 믿어도 좋다. 물론 큰돈을 투자하는데 경험 없이 뛰어들면 배로 위험해진다.

하지만 경험 없이 무자본으로 시작하면 장점은 훨씬 많아진다. 평범하지 않은 방법을 계속해서 생각해내기 때문이다. 경험 부족이라는 단점을 오히려 장점으로 승화시키고 과감하게 새로운 분야에 뛰어드는 원동력으로 삼을 수도 있다. 새로운 사업을 하다 보면 경험과 더불어 기술적 문제에 부딪치기도 한다. 그리고 많은 사람들이 기술적 문제에서 좌절을 겪는다.

기술이 없다면 기술 관련 사업을 할 수 없는 것일까? 기술에 문외한이었던 나는 대기업의 무역회사에서 일했고 IT 관련 회사 여러 개를 직접 운영하기도 했다. 어떻게 이런 일이 가능했을까? 기술이 없었지만 그 기술을 굳이 익히려고 하지 않았다. 그 기술을 익히는 데는 많은 시간과 자금이 필요하다. 나는 기술을 가진 사람들이 주위에 얼마든지 있다는 것을 발견했을 뿐이다. 기술을 익히는 대신 이미 있는 기술자들을 활용하는 것이 더 중요하다. 주변에 있는 전문가들을 적극 활용할 수 있게 된 것은 자신이 가진 기술이 적었기 때문이다. 따라서 기술이 없는 것은 오히려 강점이 된다.

나는 서울에서 사업을 하다가 실패하고 강원도에 가서 살게 되었다. 처음에는 잠깐만 머물다가 몇 년 후에 서울로 돌아갈 생각이었다. 왜냐하면 사업을 하는 데는 서울이 유리하다고 생각했기 때문이다. 하지만 금방 생각을 고쳐먹었다. 지금은 10년 넘게 강원도에서 살고 있고 당분간 서울로 돌아갈 생각은 없다.

지금은 사업하는 데 지방이 훨씬 유리하다고 생각하고 실제로 지방에 살기 때문에 더 많은 사업 관리가 가능해졌다. 서울에 살면 고객과 거래처를 수시로 만나야 한다. 굳이 만나지 않고 해결할 수 있는 일도 만나서 해결하려는 경우가 생기고 거절할 명분을 만드는 것도 힘들다. 사람들을 자주 만나려면 비용과 시간이 소요된다.

나는 지방에 살기 때문에 고객과 거래처를 상대로 해야 할 업무를 모두 메일과 전화로 해결한다. 돈도 안 들뿐더러 시간도 절약된다. 그렇게 하면 일이 원활히 진행되지 않을 것 같다고 생각할 것이다. 하지만 이런 식으로 진행이 안 되는 일은 거의 없다. 만약 서울에 살면서 이런 식으로 거래처와 접촉하면 욕을 얻어먹을 게 뻔하다. 하지만 지방에 살기 때문에 이런 방식으로 사업 관리가 가능한 것이다. 어떤가? 지방이 사업하기에 더 유리한 것 같지 않은가?

서울이 아니기 때문에 불리하다는 편견을 버려라. 전국적인 사업일수록 지방에서 하는 게 유리하다. 지방에서 이 책을 읽는 사람들에게는 희소식이 될 것이다. 지방이 사업하기에 더 낫다. 오지라면 최고로 좋은 장소다. 비용과 시간을 최소화하면서 가장 많은 사람을 만날 수 있다.

창업을 하고 싶다고 찾아오는 사람 중에는 신용불량자들도 있다. 하지만 신용불량자인 자신을 자랑스러워하는 사람은 지금껏 본 적이 없다. 이제는 신용불량자인 것을 자랑스러워하라고 말하고 싶다. 나는 사업에 실패한 10여 년 전부터 신용불량자였다. 그리고 지금은 내가 신용불량자라는 것이 무척 자랑스럽다. 이것은 신이 내게 준 가장 큰 축복 중의 하나라고 생각한다. 절대로 과장이 아닌 진심으로 우러나오는 말이다.

만약 내가 신용불량자가 아니었다면 지금의 나는 어떤 모습이었을까? 장담하는데 아마 빚이 수십 억 원은 더 늘어났을 것이다. 내 인생은 완전히 망가지고 가족들의 삶까지 파탄 나게 했을 것이다. 상상만 해도 끔찍한 일이다. 하지만 다행히 신은 나에게 신용불량이란 축복을 내려주셨다. 그 덕분에 돈을 빌리러 다니는 비극을 끊을 수 있었다. 그리고 반강제로 자본이 없는 상황에서 사업체들을 키워야 했다. 그래서 나는 무자본으로 모든 사업을 하는 해적이 될 수 있었던 것이다. 신용불량자였기 때문에 무자본 창업 시스템을 세상에 전파하는 유일무이한 사업의 원조가 될 수 있었다. 그러니 이 얼마나 감사한 일인가? 신용이 좋은 사람들은 해적이 되는 데 불리한 조건을 가진 것이다. 반대로 모든 신용불량자는 해적이 될 수 있는 큰 혜택을 받은 것이다.

그렇다고 해서 일부러 신용불량자가 되라는 말은 절대 아니다. 이미 당신이 신용불량자라면 열등감으로 스트레스를 받지 말라는 것이다. 그 에너지를 오히려 생산적으로 활용하면 된다.

꼭 명심하라. 당신이 가진 열등감은 사실 축복이다. 학력이 낮다면 그래서 당신은 성공하기에 더 유리하다. 혹시 여자라서 불리하다 생각하고 있다면 이제부터 여자라서 더 유리하다고 생각하라. 나이가 많아서 할 수 없다고 생각한다면 그래서 더 유리하다고 생각하라. 성격이 내성적이라면 외향적으로 바꾸는 것도 방법이다. 하지만 그게 쉽지 않다면 내성적이라서 더 유리하다고 무조건 믿어라. 당신에게 부족함이 있다는 것이 오히려 더 다행이라고 무조건 믿고 그 이유를 스스로 만들어내라.

이제부터 스스로에게 최면을 걸어보자. 그래서 당신의 모든 부족함과 열등감을 장점과 우월감으로 바꿔라. 생활 속에서 계속 그런 이유들을 찾아내고 최면을 강화시켜라. 당신의 생활은 완전히 바뀔 것이다.

해적마인드란 이미 갖고 있는 당신의 단점을 오히려 장점이라고 인식하는 것이다. 이미 갖고 있는 불리한 상황이 오히려 유리한 상황이라고 믿는 것이다. 비용과 시간을 들여서 부족한 부분을 메우라는 것이 아니다. 당신의 생각을 180도 돌리는 것이다. 그래서 이미 되돌릴 수 없는 불리한 환경에 놓였다고 해도, 그것을 당신 사업의 자원으로 사용할 수 있게 된다.

무자본 창업 성공 사례 II

05 하루의 가치를 파는 회사
하루랩

하루랩은 우리가 하루 동안에 얼마나 많은 일을 할 수 있는지 일깨워 주는 일을 하는 회사다. 그래서 "우리의 하루는 당신의 1년보다 길다"가 회사의 캐치프레이즈다.

하루 동안에 도전할 만한 다양한 기획이 가능한데, 첫 기획 프로그램은 바로 '하루 만에 책쓰기'다. 말 그대로 하루 만에 책쓰는 프로그램을 계속 진행하고 있고, 실제로 하루 만에 책을 쓴 사례가 몇 달 만에 수십 권의 책으로 나왔다.

"1년을 준비해도 쓰지 못하는 책을 어떻게 하루 만에 쓴다는 말인가?"라고 의문을 표할 것이다. 사람들이 1년을 책쓰기에 투자한다고 할 때, 1년 중 과연 며칠이나 책쓰기에 우선순위를 부여할까? 혹은 몇 시간이나 부여할까?

생각보다 많은 시간을 할애하지 않는다. 그렇기 때문에 1년을 준비해도 책을 내기 쉽지 않다. 그렇다면 단 하루만이라도 책쓰기에 최우선 순위를 둬보자는 것이다. 실제로 최규철 대표와 신태순 대표는 예전부터 하루 만에 책을 썼던 사례들이 여러 번 있었다. 그리고 그 책들은 생각보다 반응이 좋았다.

하루 만에 책을 쓰는 이런 노하우를 바탕으로 버터플라이 멤버십 회원 한 명은 일주일 동안 10권의 책을 써냈다. 텍스트가 많은 책도 있었고, 사진이 많은 책도 있었다. 하지만 모두가 매력 있고 돈을 지불할 가치가 있는 책들이었다.

이렇게 말하면 '그 회원은 기존에 분명 책쓰기와 관련된 업무를 했던 사람이었을 거야'라고 생각할 것이다. 하지만 책쓰기, 글 쓰기와는 전혀 상관없는 업무를 하던 사람이었고, 심지어 글 쓰는 것을 굉장히 싫어했었다. 그런 사람이 이런 드라마틱한 성과를 만들어냈기 때문에, 이 사업의 적임자가 될 수 있다고 믿었고, 사업의 가능성도 확인할 수 있었다.

하루, 콘텐츠를 생산하기에 충분한 시간

하루랩의 CEO는 현재 '하루 만에 책쓰기'라는 이름으로 매주 2시간 정도의 강의를 하면서, 책쓰기에 대한 사람들의 고정관념을 깨주고 있다. 단, 콘텐츠의 질이 떨어지더라도 책을 내자라는 콘셉트와는 거리가 멀다. 책쓰기에 대한 새로운 해석과 접근 방식을 알려주는 강의임을 자부한다. 누구나 평생 자신의 즐거움을 위해서 자주 책을 써낼 수 있는 영감을 주는 강의다.

이외에도 하루랩은 연회원제 프로그램을 운영하면서 한 달에 한 번 회원들과 예쁜 카페에 모여서 하루 동안 각자의 책을 써낸다.

자신의 전문 분야를 책으로 써서 출판한 경우도 있고, 전혀 상관없는 소설이나 동화를 쓰는 사람도 있다. 초등학생이 하루 동안 참가해서 영어로 동화를 쓴 사례도 있다. 하루는 도심에서 책을 쓰고, 어떤 날은 춘천, 어떤 날은 파주에 가서 책을 쓰면서, 하루를 책쓰기에 온전히 몰입하는 다양한 시도를 하고 있다.

하루랩을 통해서 출판과 관련된 콘텐츠들이 빠른 속도로 나오면서, 기존 출판사나 편집자들과의 교류가 생기고 있고, 교정교열 관련된 사람, 표지디자이너 들과의 협업이 이뤄지면서 작은 시작으로 출발해서 탄탄하게 사업을 쌓아가고 있다.

물론 하루랩의 CEO도 출근은 하지 않고, 일주일에 한두 번 강의를 하면서도 월 이익 1,000만 원 정도를 만들어가고 있다. 하루랩 또한 선매출을 만들고 그 돈으로 법인설립을 했기 때문에 창업하는 데 다른 자본은 전혀 필요하지 않았다. 하루랩은 앞으로 '하루 만에 책쓰기' 코치들을 양성하면서, 방과후 프로그램 등에 진출할 계획도 있고, 숨은 실력파 작가들을 발굴해서 출판사와 연계하는 역할에도 충실할 생각이다.

무자본 창업 성공 사례 II

자유 시간의 가치를 파는 회사
클라우드에어라인즈

　버터플라이인베스트먼트는 창업을 준비하는 사람들에게 무자본으로 창업할 수 있는 영감을 주는 사업 아이디어 문서를 제공한다. 그리고 그것이 가능한 이유에 대하여 계속 강의하고 있고, 실제 창업 사례를 만들면서 동기부여하고 있다.

　익숙하지 않은 창업 방식이기 때문에 이것을 내 것으로 만드는 데 기본적으로 시간이 걸릴 수밖에 없는 부분이 존재한다. 그런데 그 와중에 금방 성과를 내는 사람들이 종종 등장한다.

　이런 사람들은 인생을 게임처럼 즐기고, 고정관념이 없으며, 열린 마인드를 가진 특성을 보인다. 구름이 흘러가는 대로 몸을 맡기는 것처럼, 버터플라이인베스트먼트에서 배우는 것을 금방 자기 것으로 만들고 성과를 내는 무서운 사람들이다.

　사업 아이디어도 중요하지만, 그것을 받아들이는 마음가짐과 철학, 정신도 사업을 실현하는 데 중요한 역할을 한다. 말이 안 되는 사업을 즐기면서 하기 위해서는 새로운 자극과 영감이 필요한 것이 사실이다.

최규철 대표는 물리학, 철학, 종교학에 기반을 두고 있으면서도, 상식과 어긋나는 논리들을 많이 구축해왔다. 예를 들면 "노동시간이 줄어야 오히려 돈을 더 많이 벌 수 있다", "가만히 있는 게 가장 많은 일을 하고 있는 것이다" 등과 같은 이야기들을 물리 법칙, 종교적인 접근을 통해서 오히려 더 말이 되게 만드는 논리들을 많이 정리해두었다.

잠깐 이에 대해 아주 짧은 설명을 추가하면, 양자역학의 세계에서는 n분의 1로 원자가 쪼개질 때 n배의 에너지가 발생한다는 물리법칙을 바탕으로 노동에 대한 새로운 접근이 가능하다. n배의 소득을 만들기 위해서 n배의 노동을 하는 것이 상식으로 알려져 있지만 위 물리법칙을 적용하면 n분의 1 노동으로 n배의 소득을 만드는 것이 완전히 불가능한 일은 아니라는 것이다.

상대성이론에 따르면 가만히 있어도 빛이 사람을 향해서 달려오고 있다고 한다. 그래서 $E=mc^2$이라는 공식에는 움직이는 사람의 속도는 없고, 질량과 빛의 속도만 들어가 있다. 이는 단순히 물리공식으로 끝나는 것이 아니라, 사업에 적용시킬 수 있다. 잠깐 멈춰 서서 세상이 자신을 중심으로 빠르게 움직이고 있다는 것을 인식하고, 활용할 수 있는 자원이 이미 세상에 무수히 존재한다는 것을 파악하게 되면 일부러 많은 시간과 노동을 투입하지 않더라도 거대한 에너지를 만들어낼 수 있다는 것이다.

그렇기 때문에 굳이 경쟁에 뛰어들어서 바쁘게 움직이지 않으면서, 경쟁의 테두리 밖에서 기존 업체들을 활용하는 사업들을 버터플라이인베스트먼트가 계속 만들어낼 수 있는 것이다. 더 적은 비용으로 더 거대한 사업을 하고, 더 적은 일로 더 큰 소득을 만드는 근거들은 이런 특별한 철학들을 바탕으로 하고 있다.

경영이 아닌 철학을 알려주다

클라우드에어라인즈는 버터플라이인베스트먼트의 사업 아이디어에 더해서 이런 특별한 철학에 대한 내용을 1년이 아니라 평생 공유하는 서비스를 하고 있다. 사업 아이디어만 궁금한 사람들은 버터플라이인베스트먼트 서비스를 이용해서 사업의 기반을 다지지만, 이 사업의 기저에 깔린 최규철 대표의 특별한 철학과 인생관을 궁금해하는 사람들이 많아졌고, 그런 사람들을 위한 추가적인 문서와 컨설팅을 만들어서 판매하는 것이다.

클라우드에어라인즈의 CEO도 자신이 다니던 대학교를 자퇴하고, 이런 철학을 배우면서 매출을 만들고 있다. 클라우드에어라인즈는 버터플라이인베스트먼트의 사업 아이디어 서비스에 더해서 상식을 벗어나는 다양한 철학적인 문서를 제공하고 컨설팅하는 서비스다. 그래서 사람들이 적게 일하고 많이 버는 것이 당연하다는 것을 체득하게 만드는 목표를 가지고 있다. 그리고 이런 철학의 일부는 '주 하루 일하고 월 1,000만 원 버는 12가지 방법'이라는 강의를 통해서 구체적으로 전달되고 있다.

07 인맥을 파는 회사
런치클럽

런치클럽은 인맥을 파는 사업이다. 인맥을 팔기 위해서는 인맥이 넓은 게 유리할까, 좁은 게 유리할까? 이 글을 읽는 독자들은 당연히 넓은 게 유리하다고 생각할 것이다. 하지만 런치클럽은 인맥이 좁은 CEO가 인맥을 넓히고 싶은 욕구를 바탕으로 인맥을 넓히면서 돈을 버는 사업 모델이다.

런치클럽은 돈을 내고 가입하는 유료 커뮤니티 사업이다. 사람을 만나는 데 굳이 돈을 내고 이런 서비스를 이용해야 하나 생각할 수 있다. 하지만 어떤 사람은 명함을 교환하면서 언젠가 꼭 연락해야지 했다가도 연락을 계속 망설인다. 이들은 연락해야 하는 명분이 갖춰진다면 연락을 할 수 있다고 생각한다. 이런 사람을 위한 서비스가 바로 런치클럽이다.

런치클럽은 모든 사람이 똑같이 돈을 내고 가입을 한다. 유명하다고 해서 가입비를 면제해주지 않는다. 누군가를 만나고 싶어서 런치클럽에 가입하는 경우도 있고, 자신을 만나러 오는 사람을 기대하면서 가입하는 사람도 있다.

　　어떤 어머니는 자녀의 꿈을 이룬 사람들을 이 안에서 만나기 위해서 가입하기도 했다. 어떤 사람은 함께 사업하고 싶은 사람을 만나고 싶어서 가입하고, 함께 책을 쓰고 싶은 사람을 만나고 싶어서 가입하기도 했다.

　　일단 런치클럽에 가입하면, 자기소개서 양식을 작성해야 한다. 이름, 전화번호, 메일, 하는 일, 관심사, 스케줄 등이 양식에 포함된다. 이런 회원명부는 회원들에게 문서로 제공되고, 새로운 회원이 가입할 때마다 업데이트된다.

　　런치클럽의 CEO는 매주 새로 가입하는 분들의 소개를 작성하고 업데이트한 명부를 메일로 보내는 업무를 한다. 또 런치클럽 멤버를 소개하는 내용을 메일로 보내기도 한다. 그러면서 자연스럽게 회원들 간의 연결을 유도한다.

　　런치클럽의 회원들은 명단을 보고 자유롭게 식사 신청을 할 수 있다. 단 식사 신청을 하는 사람이 식사비를 내는 것이 규칙이다. 그리고 약속을 어기거나 불쾌한 행동을 할 때는 회사가 경고를 할 수 있다. 경고가 누적되면, 회원 자격을 박탈당한다. 회원들의 이런 불편 사항을 관리하는 것이 회사가 비용을 받는 중요한 이유 중의 하나다. 물론 회원 가입 시에 회사의 약관을 보여주고, 그 내용에 동의한 사람만 회원으로 받고 있다. 약관에는 회원 자격 박탈 규정과 회사의 제재 사항, 서비스 사항이 다 기재되어 있다. 1차적으로 이런 약관을 통해서 회원을 선정하기 때문에 가입하는 사람들이 오히려 더 마음 편하게 이 커뮤니티를 이용할 수 있다.

CEO와 고객이 같은 목적을 지니다

런치클럽의 영업활동은 자연스럽게 할 수 있다. 런치클럽의 CEO는 인맥을 키우고 싶은 사람이다. 그리고 런치클럽에 들어오고 싶은 사람도 인맥을 키우고 싶은 사람이다. 그런 사람들이 모여 있는 다양한 모임에서 CEO는 자신이 하는 사업을 소개할 수 있으며, 멋진 사람을 런치클럽에 합류시키면 CEO의 인맥도 늘어나고, 런치클럽의 인맥 파워도 더 탄탄해진다.

무자본 창업의 사례들이 모두 그렇듯이 처음에는 한두 명의 고객으로 시작을 한다. 런치클럽 또한 그렇게 출발했고, 클럽에 사람들이 늘어날수록 영업이 점점 더 쉬워지는 것은 자명한 사실이다.

런치클럽의 사업 모델은 다양하게 변형이 가능하다. 예를 들면, 자신이 하고 있는 업무에 특화된 사람들만 모아서 런치클럽을 만들어도 훌륭한 사업 모델이 되고, 차후 다른 비즈니스를 시작하는 데 큰 도움이 된다.

ROTC만 대상으로 하는 런치클럽, CEO들만 대상으로 하는 런치클럽 등 다양한 파생 런치클럽들이 계속 등장하고 있다. 누구나 이런 식으로 자신의 영역에서 커뮤니티를 키워가면서 무자본으로 인맥 사업을 바로 시작할 수 있다.

무자본 창업 성공 사례 II

무자본 패션회사
버터플라이리퍼블릭

무자본, 무점포로 패션회사가 가능할까? 버터플라이인베스트먼트는 현재 버터플라이리퍼블릭이라는 회사를 만들면서 패션사업에 착수했다. 그리고 아이수트라는 브랜드를 만들어서 남성 맞춤정장 서비스를 론칭한 상태다. 이 사업을 시작하자마자 600만 원 정도의 매출을 내면서 이 돈으로 법인설립을 하고 제품을 만들면서 무자본으로 사업을 진행하고 있다.

맞춤정장을 맞춰본 사람들은 알겠지만, 점포에 가서 상담을 받은 후 추천해주는 방식을 따르고, 체촌하고 나면 꽤 오랜 시간이 소요된다. 그리고 정장을 잘 모르는 경우는 상담을 오래 해도 업체에서 추천하는 대로 따르는 게 대부분이다. 이런 고객들에게는 좀 더 다른 방식으로 맞춤정장 서비스가 적용될 수 있다고 생각했고, 그 부분을 채워주는 것이 바로 아이수트다.

애플의 세일즈 방식을 도입하다

아이수트는 애플이나 샤오미가 하는 방식으로 세일즈를 한다. 바로 아이수트 설명회를 개최하는 것이다. 패션에 관심 있는 남성에게 혹은 맞춤정장을 맞춰야 하는 남성에게 아이수트의 디자인을 소개한다. 어떤 원단을 쓸 것인지, 어떤 색깔로 정장을 만드는지, 어떤 단추를 달 것인지, 어떤 품으로 옷을 제작할지 하나부터 열까지 모든 걸 다 설명한다. 그리고 왜 이런 디자인의 옷을 입어야 하는지도 아주 구체적으로 설명하고 명분을 준다.

이런 설명을 들은 사람 중에 수트를 맞추고 싶은 사람은 결제를 하고, 배정받은 맞춤정장 업체에 가서 5~10분 정도 치수를 재고 나면 자신의 맞춤정장이 나오는 것이다. 제작업체 쪽에서는 같은 원단과 디자인의 정장을 치수만 다르게 여러 벌 제작하면 되기 때문에 제작비를 절감할 수 있다.

고객 입장에서도 자신이 점포에 가서 일일이 상담하고 물어볼 필요 없이 미리 추천받은 대로 입으면 되기 때문에 편하다. 그냥 추천을 받은 것이 아니라 아이수트의 디자인을 입어야만 하는 아주 구체적인 이유들을 들었기 때문에 좀 더 만족스럽게 구매할 수 있다.

버터플라이퍼블릭의 CEO도 원래 패션업에 종사하던 회원이 아니었다. 다만 바이어들에 따라서 정장을 다양하게 입어야 하는 업무를 했기 때문에 남들보다 패션에 관심이 좀 더 많은 수준이었다. 하지만 무자본 패션사업을 시작하기로 결정하고, 회사를 그만두고 나서는 시제품 디자인을 위해서 매일같이 업체 미팅을 하고, 정장에 대한 공부를 하면서 금방 이 분야에 능통한 사람이 되었다.

그리고 수많은 미팅 과정을 통해서 도출한 추천 원단과 아주 까다로운 디자인을 선정해서 그대로 판매하고 있기 때문에 자신 있게 사업을 추진할 수 있는 것이다. CEO가 디자인도 직접 선정했기 때문에 그 이유를 잠재고객들에게 완벽하게 설명할 수 있었다.

아이수트는 패키지 상품으로만 판매하고 있다. 패키지는 2벌의 수트와 6벌의 셔츠, 2켤레의 수제화, 넥타이 6개로 구성되어 있다. 수트 디자인은 1년에 하나로 정해진다. 그래서 현재는 iSuit1.0 제품이 판매되고 있다. 이에 더해서 제품을 구매한 고객에게 패션 컨설팅 서비스를 제공한다.

버터플라이리퍼블릭은 무자본 패션 창업의 성공 모델로 자리매김하면서 사업 파트너를 계속 찾고 있으며, 여성패션이나 속옷 등 다양한 자회사들을 만들어나가려고 계획하고 있다.

Chapter 3

성공할 수밖에 없는 창업 아이템

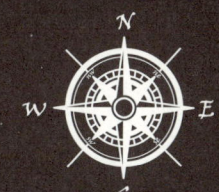

01 START A BUSINESS WITHOUT MONEY

해적들의 창업 아이템 조건
I. 즉시 매출

> 사업은 단순한 일이 아니다.
> 온 마음을 다해 참여해야 하는 것이다.
> – 마이클 E. 거버(중소기업 전문 이론가)

해적이 되기로 결심하고 무자본 창업에 도전하는 출발선에 선 것을 축하한다. 앞에서는 최규철 대표와 함께 마인드 세팅과 무자본 창업의 의미를 알아보는 시간을 가졌다.

무자본 창업이 완성되기 위해서는 다양한 요소가 필요한데, 이번 장에서는 창업 아이템을 어떻게 선정하고, 어떻게 세팅해야 하는지에 대한 이야기를 하고자 한다.

진짜 해적이 되기 위해서는 사업 아이템부터 남다르게 선정해야 한다. 자본 없이 창업하는 해적에게 당장 필요한 것이 무엇일까? 바로 수익이다. 오늘 당장 돈을 벌지 않으면 오늘 굶어야 한다. 만약 투자를 받았거나 대출을 받았다면 오늘 굶지 않을 수 있다. 그래서 오늘 벌지 않아도 되는 변명을 만들 수 있다. 하지만 해적들은 오늘을 살기 위해서 매일 맨몸으로 바다에 뛰어들어야 한다.

바다에서 돌아오는 시간은 정해져 있지 않다. 원하는 목표를 달성하고 오늘을 버텨낼 수 있는 자원을 확보했을 때 해적들은 뭍으로 돌아온다. 바다에는 변수가 너무 많다. 그래서 어떤 날은 생각보다 많이 성과를 거두기도 하고 어떤 날은 거의 소득이 없을 때도 있다. 하지만 해적은 점점 그런 변수조차도 활용하는 노하우를 터득한다. 살기 위해서는 다른 방법이 없기 때문이다. 해적은 자본이 없기 때문에 당장 돈을 벌어야만 하는 것을 숙명으로 여긴다. 남들이 금방 포기하거나 안 되는 이유를 말할 때도 해적은 핑계를 대지 않는다. 그래서 초기에 자본과 시간을 투자하고 몇 개월 뒤에야 수익이 발생하는 사업 모델은 과감히 정리하거나 리모델링한다.

즉시 수익을 만들려면 이전에 없던 전혀 새로운 사업 모델이 필요하다. 자본금이 두둑하면 이런 도전은 고려되지 않는다. 자본금을 잃지 않기 위해서 조심스러워지고, 사업 준비에 오랜 시간을 들이기 때문이다.

해적 창업에 도전하는 사람은 당장 통장 잔고를 0으로 만들 마음의 준비가 필요하다. 우리는 마음의 준비로만 끝내지 말고, 실제로 0으로 만들라고 한다. 창업을 목적으로 수천만 원씩 모아와서 창업 컨설팅을 받으려는 사람들도 있었다. 그들에게는 돈이 왜 필요 없는지를 얘기해주고, 그 귀한 돈을 가족과 나누든지 대출을 갚고 돈 없이 사업을 시작하라고 말했다. 이렇게 창업을 위해 통장 잔고를 0으로 만드는 데 동참하는 사람은 해적이 되는 1단계를 통과하는 것이다.

창업 컨설팅을 하는 사람 중에는 창업자에게 일부러 큰 대출을 받아오라고 시키는 이도 있다. 그렇게 해야 더 절실함을 느낀다는 것이었다. 나도 스스로를 궁지로 더 몰아넣고, 급격한 성장을 이뤄본 적이 있기 때문에 절실함의 중요성을 잘 알고 있다. 그런데 창업자가 힘들게 받아온 대출금을 컨설팅하는 사람이 마음대로 유용하고, 극단적인 경우는 대출을 안 갚아도 되도록 개인파산을 유도한다는 이야기도 들었다.

창업에서 절실함이 필요한 것은 맞지만, 그것은 통장 잔고 0원이면 충분하다. 자신의 의지와 상관없이 대출을 받고 무책임하게 스스로를 궁지로 몰아넣는 행위는 창업에 대한 공포를 더 키우는 일밖에 되지 않는다.

투자와 대출 없이 통장 잔고를 0으로 만드는 것이 리스크 없이 긴장감을 유지할 수 있는 적정선이다. 버터플라이인베스트먼트의 가이드를 받으며 창업하는 사례들은 최소 사업자등록증이 나오자마자 수익을 만드는 것을 목표로 한다. 이 책에서 소개하는 회사들의 사업 모델들을 보면 알 수 있듯이 처음부터 돈을 벌면서 사업을 준비하도록 수익 모델을 만들고 영업도 과감하게 한다.

이 정도는 이제 해적에게는 가소로운 목표다. 최근에는 사업자등록증을 내기도 전에 미리 매출을 발생시킨다. 즉시 매출을 넘어서 사전 매출을 발생시키는 것이다. 그리고 그 돈을 회사 설립 비용으로 쓴다. 통장은 비어 있어야 채우고 싶은 욕망이 간절하게 생긴다. 투자금이나 대출금으로 통장이 가득 차 있으면 이런 욕망은 반감된다.

즉시 매출을 발생시킬 수 있는 아이템이어야 한다고 이야기하면 이런 질문을 받기도 한다. "그럴 수 있는 사업은 극히 제한적이지 않나요?"

예를 들어 앱개발이나 제조업은 불가능하지 않을까 의심하는 것이다. 결코 불가능하지 않다. 즉시 매출 혹은 선 매출은 모든 업종에 예외 없이 적용할 수 있다. 사실 이런 상황이 크게 특별하지 않다.

잘 생각해보면 이런 거래는 꽤 많이 찾아볼 수 있다. 다만 내가 하려는 사업에는 적용이 안 될 것이라는 고정관념을 가지고 있기 때문에 발견하지 못하는 것뿐이다. 맞춤정장은 옷이 나오기 전에 미리 대금을 결제한다. 일반적으로 음식점은 식사를 하고 나면 결제를 하지만 어떤 음식점은 미리 결제를 해야 음식을 만들어준다.

부동산 사업도 선 매출을 내는 방식으로 진행한다. 집을 짓기 전에 미리 일부 대금을 받는 것이다. 그리고 그 돈으로 집을 짓기 시작하고, 중간에 또 돈을 받아서 나머지를 짓는다. 상품을 받기 전에 미리 결제가 이뤄지는 상황들을 분석해보면 어떤 상품이든 미리 팔고 대금을 먼저 받도록 만들 수 있다는 것을 알 수 있다.

메인 상품이 너무 비싸서 미리 팔기가 너무 벅찬가? 그렇다면 그 전 단계에서 더 간단하게 팔 수 있는 중간 상품을 판매하면 된다. 어떤 식으로든 즉시 매출은 발생하고 중간 상품을 산 사람은 메인 상품을 살 잠재고객이 된다. 매출을 좀 더 빨리 발생시키는 동시에 잠재고객 관리까지 되는 것이다.

이 책에서 공개하는 모든 사업 아이디어들은 즉시 매출을 염두에 두고 만들어졌고, 실제로 회사를 설립하기도 전에 상품을 판매해서 그 돈으로 법인설립을 하고 회사 운영자금을 마련하고 있다. 창업을 시작한다면 상품이 이미 나에게 있다고 생각하고, 고객들에게 미리 돈을 받고 팔라. 그리고 그 돈으로 나중에 상품을 생산해서 제공하라. 혹은 아웃소싱을 활용해서 서비스를 만들라.

서비스, 제조, 유통 그 무엇이든 가능하다. B2B든 B2C든 모든 사업에서 가능하다. 당신이 정말 사업을 제대로 할 마음이 있고, 고객에게 미리 돈을 받았다면 고객을 실망시키지 않기 위해서 제때에 상품을 만들어내서 제공하려고 노력할 것이다. 그래야 사업가로서 신뢰를 쌓아갈 수 있기 때문이다.

만약 미리 돈을 받았는데 일은 대충하고, 고객을 실망시킨다면 컴플레인과 환불 요청이 쇄도할 것이고, 회사 문을 닫게 될 것이다. 이런 상황이 발생하면 절대 안 되지만 혹여나 이런 최악의 상황을 만들어도 대출이나 투자를 받지 않았기 때문에 큰 타격은 입지 않는다.

고객의 돈을 미리 받고도 대충대충 사업하는 게 고쳐지지 않는 사람이라면 사업을 하면 안 된다. 그런 상황이 반복된다면, 사기꾼이 되기에 알맞다고 볼 수 있다. 자신에게 그런 기질이 보인다면 더 크게 후회하기 전에 사업에서 당장 손을 떼기를 추천한다. 하지만 제대로 사업을 지속하고 싶은 사람이라면 아무것도 만들어지지 않았을 때부터 돈을 먼저 받고 파는 것에 부디 익숙해지길 바란다.

이 책을 읽는 독자 중 일부는 "어떤 고객이 상품도 없는데 돈을 내겠습니까?"라고 질문할지도 모른다. 상품이 없어도 돈을 먼저 받는 경우는 앞에서도 언급했고, 실제로 우리가 하는 사업도 그와 같은 방식으로 모두 진행하고 있다. 하지만 독자 입장에서는 이런 질문을 할 수도 있다.

"그건 당신들이니까 가능한 일 아닙니까?"

우리가 시작할 때부터 바로 고객에게 돈을 받는 게 가능했다면 이 말에 대답하지 못했을 것이다. 상품이 없는 상태에서 돈을 먼저 받기 위해서 우리는 고객의 문제에 대해 연구했다. 그리고 그 문제를 해결할 수 있는 특별한 솔루션을 생각해냈다.

이 솔루션을 제공하는 명목으로 고객과의 접촉을 늘리면서 세일즈를 진행했다. 세일즈를 하고 돈을 벌면서, 상품과 서비스를 보강했다. 이런 순환 과정을 거치면서 상품과 서비스는 탄탄해졌고, 세일즈 기술은 발전했다.

나를 비롯해서 현재 무자본으로 창업해서 큰 매출을 내고 있는 회원들도 처음부터 일을 쉽게 진행하지는 못했다. 하지만 무자본으로 시작한 창업이고 다른 길이 없었기 때문에 부족한 상황에서도 먼저 세일즈를 해보는 도전을 한 것이다. 이런 도전이 반복되면서 세일즈 노하우가 축적된다.

상품과 서비스가 완벽히 갖춰지기 전에 매출이 발생하는 것은 매출 이상의 의미가 있다. 상품도 서비스도 완성되지 않았는데 고객을 감동시켜서 매출을 만들었다고 생각해보라. 그럼 상품과 서비스가 완성되고 나서는 세일즈가 얼마나 수월하게 느껴질까? 가장 어려운 세일즈를 먼저 했기 때문에 점점 쉬운 세일즈가 가능해지는 것이다.

당신이 준비하는 상품이나 서비스가 정말 고객에게 도움을 줄 자신이 있다면, 왜 미리 팔지 못하는 것인가? 미리 팔지 못한다는 것은 스스로 내 상품에 자신이 없다는 것을 드러내는 것과 같다. 즉시 매출을 넘어서 선 매출을 만드는 것은 사업가의 확신과 끈기에 달려 있다.

물론 이 과정에서 다양한 문제가 발생할 수 있지만, 이를 세련되게 해결해가는 과정에서 창업자도 사업 모델도 성장하게 된다. 혹여나 의도치 않게 문제가 생긴다면 어떻게 할까? 문제가 발생한 사정을 충분히 설명하고, 미리 만든 약관이나 계약서에 따라서 조치를 취하면 된다. 즉, 문제가 생길까 두려워서 미리 팔지 못하는 것은 이유가 되지 않는다. 완벽히 준비하고 시작했다고 자신해도 사업을 하다 보면 항상 문제가 발생할 수밖에 없다.

다시 한 번 강조하지만 책임지지 못할 것이 두려워서 미리 돈을 받지 못한다는 것은 스스로 자기 사업에 대한 확신이 부족한 마음을 드러내는 것과 같다. 미리 상품을 팔아버리면서 즉시 매출을 발생시켜라. 그리고 그 돈으로 살아남아라. 그렇게 스스로 확신을 키우고 즐거운 마음으로 해적 창업의 돛을 올리자.

02 START A BUSINESS WITHOUT MONEY

해적들의 창업 아이템 조건
Ⅱ. 누구나 영업 대상

> 훌륭한 경영자는 고객을 창출한다.
> 그리고 또 시장까지 창출한다.
> - 슐로머 메이틀(MIT 경영대학원 객원교수)

해적은 오늘도 살아남기 위해서 낡은 배 한 척을 끌고 바다로 뛰어든다. 광활한 바다를 헤매면서 돈과 식량을 싣고 있는 배를 찾고 그들과 치열한 전투를 벌여야 한다. 그런데 아직 마음의 준비가 덜 된 해적은 망원경으로 지나가는 배들을 살펴보면서 어떤 배를 타깃으로 공략해야 더 적은 노력으로 더 큰 수익을 얻을지 꼼수를 생각한다.

'지금 지나가는 저 배는 내가 가지고 있는 무기만 가지고는 접근이 불가능하겠군.'

'저 멀리서 오고 있는 배는 나에게 필요한 보물이 없는 배인 것 같군.'

이렇게 망설이면서 배를 보내다 어떤 날은 아무런 소득을 얻지 못하기도 한다. 그렇게 고민만 하다가 해적이 되기를 포기하는 경우도 있고, 어떤 해적은 집으로 돌아와서 무엇이 부족했는지 곰곰이 복기를 해본다.

'내가 가진 무기 탓만 하진 않았나?'

'지레 겁 먹고 배를 그냥 보내지는 않았나?'

'아직 내가 절실함이 부족해서 공략할 배를 고르기만 하고 있는 것은 아닌가?'

이런 식으로는 도저히 답을 얻을 수 없기 때문에 다음날부터는 근처에 오는 모든 배에 최대한 가까이 접근해본다. 그러다 보면 멀리서 볼 때는 보이지 않았던 배의 취약점이나 배의 유용성 등이 보이기 시작한다. 여유를 가지고 분석할 수 있게 된다. 이미 내가 가지고 있는 무기만 잘 활용하면서도 충분히 그 배를 공략할 방법을 찾아내기 시작한다.

이런 식으로 전략을 짜다 보니 전투를 효율적으로 하게 된다. 어떤 배를 만나더라도 보물을 취하는 횟수가 많아지고, 파트너가 될 다른 해적을 만나기도 한다. 이제 공략할 배를 가리지 않는 해적이 된 것이다. 이렇게 진짜 해적으로 성장한다. 해적에게 실패는 끝이 아니다. 실패를 도구 삼아서 성장하는 일만 있을 뿐이다.

해적은 언제 어디서든 고객을 창출할 수 있도록 창업 아이템을 리모델링해야 한다. 우연히 만난 사람이 내 상품을 필요로 할지 안할지 미리 알 수는 없다. 그렇다면 사람을 만나서 내 상품 이야기를 꺼내는 기회를 최대한 많이 만드는 것이 좋다. 이를 위해서는 내가 준비한 상품이 누구에게든 접근 가능하도록 해야 한다.

여기서 의구심이 드는 독자가 있을 것이다. '해적이라면 타깃을 좁히는 것이 중요할 것 같은데?'라고 생각할 수 있다. 하지만 누구나 영업 대상으로 삼는다는 것이 타깃을 좁히는 것과 상충되지는 않는다. 언제 어디서 누구를 만나도 필요할 가능성이 항상 존재하는 아이템이어야 한다. 특정 나이대만 만나야 하거나 특정 직업군만 만나야 한다면 해적들은 자유롭게 항해하는 것이 어려워진다.

정리하자면 해적이 가지고 있는 사업 아이템은 누구를 만나더라도 일단 이야기를 꺼내볼 수 있는 것이어야 한다. 해적에게는 시간이 없고 돈도 없다. 평소에 만나는 모든 사람에게 사업 아이템에 대한 이야기를 꺼낼 수 있어야 한다. 게다가 상대방의 문제를 해결해주면서 바로 돈을 받을 수 있는 아이템이어야 한다.

지금 당장이 아니라 훗날 고객에게 필요한 상품이어도 괜찮다. 이야기를 듣는 본인은 아니더라도 가족 중 누군가에게 필요해도 괜찮다. 동창회에서 만난 친구와 사업 이야기를 나누거나 버스를 타고 가다가 대화하게 된 사람에게도 자연스럽게 꺼낼 수 있는 사업 아이템이어야 한다.

우리의 사업 아이템으로 예를 들어보면 스쿨몬스터는 CEO가 만나는 모든 사람이 잠재적 강사 풀이다. 일반인도 모두 강사가 될 수 있도록 아이템을 모델링했기 때문이다. 그래서 어떤 사람을 만나더라도 스쿨몬스터의 사업 이야기를 꺼낼 수 있다. 그리고 강사를 구하고 있다는 이야기도 자연스럽게 나올 수 있다.

배우는 것을 좋아하고, 가르치는 것에도 관심이 있는 사람이라면 스쿨몬스터의 강사 제안에 거부감이 없을 것이다. 혹은 지인 중에 강의에 관심 있는 사람을 추천받을 수도 있다. 누구를 만나든지 이야기를 꺼낼 수 있는 사업 아이템이다.

또 다른 예도 있다. 버터플라이인베스트먼트의 서비스를 이용하는 회원은 300여 명이다. 이들의 나이, 성별, 직업, 지역은 다양하다. 직업별로 보면 크게 학생, 주부, 직장인, 사업가, 공무원, 교수, 강사, 의사, 대기업임원, 취업준비생 등 전 직업군을 포괄하고 있다. 나이도 20대 초반부터 70대 중반까지 다양하다. 전국은 물론 해외에도 여러 명의 회원이 있다.

직업, 나이, 지역에 상관없이 누구나 한 번쯤 창업을 고민하거나, 회사를 떠나 독립을 꿈꾼다. 이미 창업을 한 사람도 새로운 창업에 대한 욕망을 가진다. 그렇기 때문에 나는 누구를 만나더라도 자연스럽게 버터플라이인베스트먼트의 무자본 창업 아이디어 서비스 이야기를 할 수 있다. 어떤 고객을 만나도 이야기할 수 있는 서비스다. 이런 접근이 가능해야 끊임없이 세일즈를 할 수가 있다.

물론 이런 경우도 가능하다. 당신이 주로 만나는 사람들이 의사들이라면 의사만 전문적으로 상대하는 사업 아이템으로 해도 좋다. 당신이 주로 만나는 사람이 대학생들이라면 대학생을 대상으로 하는 사업 아이템도 괜찮다.

창업자가 이미 잠재 고객 집단에 포함된 사람이라면 그 집단을 타깃으로 할 때 범위가 좁아진다 해도 어차피 주로 만나는 사람들이기 때문에 해적들의 창업 아이템으로 손상이 없다.

이렇게 창업 아이템을 선정하면 시장조사를 하는 데 시간을 낭비하지 않아도 된다. 창업자의 일상생활에서 바로 사업을 테스트하고 즉시 피드백을 받을 수 있기 때문이다. 게다가 지속적인 피드백을 바탕으로 즉시 돈을 만들어내는 사업 모델로 진화시킬 수 있다. 내가 잘 모르는 시장인데 조사만 가지고 피드백을 받는 방법에는 한계가 있다. 시장조사에만 의존해서 수익을 예상하는 것은 굉장히 위험하다. 일상생활에서 고객과 접점이 쉽도록 미리 장치하고, 만나는 누구나가 영업 대상이 될 때야말로 제대로 된 시장조사가 가능하다. 더 냉정한 피드백을 받을 수 있고, 수익을 더 빨리 창출할 수 있다.

내가 만나는 누구나가 영업 대상이 될 수 있게 창업 아이템을 정하라. 그래서 더 자주 피드백을 받고, 고객을 분석하라. 매출 효율을 높이기 위해서 타깃을 좁히는 작업도 이런 상황에서부터 가능해진다.

03 START A BUSINESS WITHOUT MONEY

해적들의 창업 아이템 조건
Ⅲ. 비주류시장

> 마니아가 되면 히트 상품을 만들 수 있다.
> 예전에는 대중에서 생각해서 대중에게 판매했지만,
> 지금은 마니아에서 생각해서 대중에게 파는 시대다.
> – 나카타니 아키히로(초베스트셀러 작가)

창업 교육에서 절대 빠지지 않고 사업계획서에도 반드시 포함되는 요소가 바로 시장조사다. 진입하고자 하는 시장 규모가 얼마나 되는가, 현재 뜨고 있는 시장인가, 성장 가능성이 있는 시장인가 등을 살펴야 한다.

창업자는 자신의 창업 아이템이 시장성 있는 것인지를 평가하기 위해서 관련된 정보들을 수집한다. 큰 비용을 들이는 것도 기꺼이 감수한다. 하지만 버터플라이인베스트먼트는 창업자들에게 시장조사를 하지 말라고 이야기한다. 오타가 아니라 정말로 이렇게 이야기한다. 그 이유는 다음와 같다.

어떤 사업 분야에는 그 시장을 지배하는 독과점 사업자가 존재한다. 어떤 사업 분야는 완전경쟁 시장으로 모든 사업자가 서로 경쟁한다. 이런 시장들은 시장 규모가 크다고 알려진 시장이고, 뜨고 있는 시장이며, 성장가능성이 있는 시장이다. 배달 어플 사업이 그렇고, 소셜커머스 사업, 호텔 어플 사업도 마찬가지다. O2O비즈니스, 핀테크 비즈니스, 게임 비즈니스 등 '핫하다'고 하는 시장에서 신사업들이 계속해서 탄생한다. 그리고 이런 시장에 진입해야지만 돈을 많이 벌 수 있다고 생각한다. 만약 이런 시장을 염두에 두지 않고 있는 사업이라면 시간이 지나도 돈을 못 버니까 하지 않는 게 좋을 것이라고 충고하는 경우도 있다.

하지만 나는 그렇게 생각하지 않는다. 독과점 사업자와 경쟁하거나 완전경쟁 시장에서 작은 업체가 시장을 나눠 먹겠다고 뛰어드는 것은 매우 불리한 전략이다. 경쟁이 치열한 시장에 뛰어들기 때문에 자본이 많이 필요해지는 상황이 되는 것은 당연하다.

창업자가 시장성을 따지는 데에는 분명한 이유가 존재한다. 얼마나 많은 수요자가 있느냐가 바로 매출을 결정할 것이라는 믿음 때문이다. 다르게 말하면 시장에 존재하는 잠재고객의 숫자가 사업의 성패를 결정한다고 믿기 때문이다. 그리고 아무리 치열한 시장이라도 잠재고객 중 일부는 자신의 고객이 될 것이라고 믿기 때문이다.

모두가 잘될 것 같다고 이야기하는 시장이 알려지면 어떤 일이 벌어지는가? 사업을 준비하는 사람들이 모두 그 시장으로 뛰어든다. 신사업을 생각하던 대기업들도 그 시장으로 뛰어든다. 그래서 공급은 금세 포화 상태가 된다. 경쟁은 점점 치열해지고 그 다음 상황은 말하지 않아도 잘 알 것이다.

이와 관련된 현상으로 재미있는 이야기를 들은 적이 있다. 대학교 입학 상담을 하는 업체의 이야기다. 이 업체는 수학능력시험을 치른 많은 학생들의 DB를 활용해서 서울에 있는 대학교와 학과의 경쟁률을 파악하고 있었다. 이런 정보는 입시생들이 무척 궁금해하기 때문에 돈이 된다. 실제로 이 업체는 경쟁률이 가장 낮은 학교의 정보를 알려주는 조건으로 고객들에게 돈을 받았다.

그 결과 어떤 일이 벌어졌을까? 경쟁률이 낮은 학교와 학과에 지원이 많아졌고, 결국 가장 높은 경쟁률을 기록한 학교, 학과가 되어버렸다는 것이다. 합격 인원은 한정되어 있고, 소중한 입학지원 기회를 가장 높은 경쟁률(?)의 학과에 써버리게 된 수많은 학생들은 불합격의 고배를 마시게 되었다. 물론 거액의 컨설팅비와 자료비용을 지불하기까지 하면서 말이다.

창업을 준비하는 현장에서도 이 논리는 그대로 적용되고 있다. 그래서 돈을 쓰면서 더 많은 준비를 하고, 더 많은 정보를 수집한 창업자가 오히려 더 불행해지는 이상한 현상이 벌어진다. 누가 봐도 잘될 것 같은 시장, 그래서 사람들이 몰리는 시장, 독점사업자, 완전경쟁 사업자가 존재해서 검증이 끝난 것 같은 시장이 그래도 탐이 나는가?

자본금이 충분하고, 투자를 무한정으로 끌어올 수 있는 자신이 있다면 그래도 된다. 창업에 관심이 있고 관련된 뉴스를 조금이라도 본 사람이라면, 적자를 감수하면서까지 피 튀기는 광고 경쟁에 뛰어들어 경쟁사를 죽이는 것에 몰두한 회사들을 금방 떠올릴 수 있다. 한쪽의 자본이 완전히 말라야만 끝나는 경쟁이고, 그 끝엔 상처뿐인 승리와 상처뿐인 패배만 있을 뿐이다. 이 과정 자체를 오랜 기간 즐길 자신이 있는가?

창업을 시작하는 사람들은 흔히 대기업이 하는 일을 자신들도 당장 할 수 있다고 착각하곤 한다. 그래서 다음과 같은 실수를 범한다.

최대한 범주가 큰 고객 집단을 대상으로 제품과 서비스를 만든다. 남녀노소 누구나 만족시킬 수 있는 제품과 서비스로 시장을 제패하려고 한다. 그러기 위해서 상품군과 가격대를 복잡하게 구성한다. 100만, 아니 1000만 명의 잠재고객을 만족시킬 수 있는 상품을 만들려고 욕심을 부리며, 주류시장을 타깃으로 서비스를 하고 마케팅을 한다. 이것은 독과점 사업자와 경쟁하거나 완전경쟁 시장에서 모든 사업자와 경쟁하는 방식이다.

해적들은 이런 전략을 사용하지 않는다. 이제 막 돛단배를 끌고 나왔는데 군함과 바로 싸움을 붙지 않는다. 작살 하나 달랑 들고 있으면서, 수천마리 고기를 잡겠다고 먼 바다까지 나가지 않는다. 그래서 해적들은 비주류시장을 타깃으로 사업을 한다.

'비주류시장? 또 뻔한 틈새시장 이야기이군.'

이렇게 다 아는 이야기라 생각하고 지나쳐버리지 말길 바란다. 그러면 분명 대어를 놓치게 될 것이다. 비주류시장은 틈새시장과는 다르다. 틈새시장은 규모가 작게나마 형성되어 있고, 사람들의 눈에 아직 덜 포착된 시장이다. 그렇기 때문에 시장이 더 크기 힘든 제약이 있다.

반면 비주류시장은 사람들이 알더라도 무시하는 시장이다. 발견하려면 발상의 전환이 필요하고 발견하더라도 가능성이 없다고 판단하는 시장이다. 하지만 비주류시장은 초기엔 작지만 주류시장으로 클 수 있는 가능성이 있는 시장이다. 이런 차이를 분명하게 알아야 한다.

다시 한 번 정리하자. 주류시장에 속해 있는데 남들이 미처 발견 못한 시장을 운 좋게 발견해서 경쟁자들이 진입하기 전에 반짝 수익을 올릴 수 있는 것은 틈새시장이 맞다. 하지만 비주류시장은 주류들이 알더라도 코웃음치고 비웃는 시장이다. 기존 창업 이론으로는 용인이 안 되는 시장이기 때문에 비주류라고 낙인이 찍힌 시장이다. 해적들은 이런 비주류시장에 기꺼이 뛰어든다.

이들에게 고객은 누구일까? 주류시장의 고객과 정반대의 취향을 가진 고객이다. 당연히 주류 사업자와 유사한 전략은 이곳에서 통하지 않는다. 여기서는 오히려 정반대의 전략이 빛을 발한다.

예를 들어 당신이 식당을 운영한다고 가정해보자. 당신은 메뉴도 다양하고 맛도 좋고 값도 싸고 친절한 식당을 만들고 싶을 것이다. 그러기 위해서는 일반적인 창업 전문가나 프랜차이즈의 힘을 빌려야 한다. 그래서 자금도 더 많이 필요하다. 아마도 많은 창업자가 이 방식이 더 많은 고객을 유치할 수 있고 더 안전한 창업이라고 생각할 것이다.

해적들은 이런 방식으로 사업을 진행하지 않는다. 이는 주류시장을 공략하는 방법이고 해적 입장에서는 아주 위험한 전략이다. 왜 그럴까? 이런 방식의 창업은 이미 시장을 장악하고 있는 사람들에게 유리한 창업이기 때문이다. 자본과 조직을 갖추고 그 시장에서 주류를 형성하고 있는 사업자들과 쉴새 없이 경쟁을 해야만 하는 시장이다.

10개 업체 중 9개는 모두 이런 콘셉트를 염두에 두고 창업을 진행한다. 큰돈을 써서 창업하고, 이 안에서 또 경쟁해서 이

겨내야 한다. 물론 이 창업 아이템은 내가 원했다기보다 주류시장을 공략하기 위해 이미 선택되어진 것이다. 과연 얼마나 애정을 가질 수 있을까?

그럼 해적들은 어떻게 비주류시장을 찾아가는지 살펴보자. 먼저 주류시장 사업자들에게 질려 있는 소비자를 발견하려고 한다. 이왕이면 사업을 시작하는 당신이 그런 소비자라면 완벽하다. 주류시장이 마음에 안 들어서 내가 원하는 방식으로 창업하기로 결정할 때, 더욱더 몰입할 수 있기 때문이다.

식당을 창업하는 경우에 비주류시장을 공략하는 방식은 다음과 같다. 당신이 좋아하는 메뉴 딱 한 가지만 환상적으로 맛있게 만드는 것이다. 이 메뉴 한 가지만큼은 내가 정말로 좋아하고, 맛있게 먹고 싶어서 연구를 하는 식당이 되는 것이다. 그리고 그런 가치가 담긴 메뉴이기 때문에 가격은 아주 비싸게 책정한다.

서비스는 어떻게 하면 좋을까? 서비스까지 잘하면 좋을 것 같지만, 레시피를 연구하고 맛을 중시하는 것에 신경을 더 쓰기 위해서 오히려 서비스를 적게 하는 전략을 쓴다. 예를 들면 '셀프서비스'를 당연하게 만드는 것이다.

직접 만들어 먹는 즉석 떡볶이, 직접 구워먹는 스테이크 가게 등이 그런 형태로 운영되고 있다. 이것은 아무나 할 수 없는 전략이다. 특히나 자본을 충분히 가지고 있는 주류 사업자의 입장에서는 도저히 불안해서 시도하기 어려운 방식이다. 자본을 많이 투자했기 때문에 보수적으로 운영하는 방식을 선택할 수밖에 없다.

두 손 가득 화려한 꽃다발을 들고 가는데 길거리의 야생화 한 송이에 끌린다고 한 다발 꽃을 버릴 수 있는 사업자가 얼마나 될까? 두 손에 아무것도 쥐지 않은 해적들은 오로지 한 송이 야생화에만 올인한다. 이 꽃 저 꽃 다 담고 앉아 있을 시간도 없고, 인력도 없다.

비주류시장을 이야기하면, 많은 분들이 앞에서 언급한 '누구나 영업 대상'이어야 한다는 조건과 상충되는 의미로 해석하는 경우가 있다. 충분히 혼란스러울 수 있는 부분이기 때문에 설명을 덧붙인다. 둘은 상충하지 않고, 분명히 공존할 수 있는 조건이다.

간단하게 말하면, 누구에게나 이용 가능성이 열린 서비스(누구나 영업 대상)이지만 시장에서 공급이 별로 없는 서비스(비주류시장)를 제공하면 2개의 조건을 동시에 만족하게 된다.

버터플라이인베스트먼트는 무자본 창업을 이야기하고 있다. 평생직장이 사라진 지 오래이기 때문에 학생이든 직장인이든 창업자든 언젠가 한번은 독립하고 언젠가 한번은 창업을 꿈꿀 수밖에 없다. 그렇기 때문에 창업에 대한 교육과 안내 서비스는 누구든 이용할 가능성이 있다. 무자본 창업은 누구나 이용할 수 있지만 모든 고객이 만족할 수 있는 서비스는 아니다.

창업 교육이나 창업 컨설팅 시장에는 돈을 써서 창업하는 방법을 안내하는 것이 주류를 이루고 있다. 투자금을 받거나 지원금 혹은 대출을 받아서 창업하는 방법에 대한 교육이 99%다. 무자본 창업 아이템 개발, 무자본으로 법인설립, 무자본 창업을 위한 마인드 세팅, 무자본 창업 관련 책과 강의, 오로지 이 방식만 연구하고 고집하는 창업 교육을 하는 곳은 전세계에 버터플라이인베스트먼트가 유일하다.

다른 방식의 창업과 타협하는 일은 절대 없다. 이 방식의 창업만 전문적으로 제공하는 사업자가 적은 이유는 명백하다. 수익이 나지 않을 거라 생각하고, 방법이 없다고 생각하며, 혹여나 사기꾼으로 몰릴 수 있는 위험이 존재하기 때문이다.

버터플라이인베스트먼트는 진입부터 이런 점을 파악하고 있었고 환호성을 지르면서 이런 비주류시장에 무혈입성했다. 누구를 만나도 꺼낼 수 있는 사업 아이템이고, 이야기를 꺼냈을 때 비주류시장의 니즈를 가진 잠재고객이라면 매출로 연결되는 것이다. 이처럼 누구나 영업 대상인 것과 비주류시장은 공존할 수 있다.

"그래도 수요가 너무 적을 텐데, 돈이 될까요?"라고 걱정하는 마음으로 질문할 수도 있다.

비주류시장은 초기에 수요가 적다. 아니, 적어 보인다고 말하는 것이 맞을 것 같다. 비주류의 고객은 자신의 문제를 심각하게 생각하지 않거나, 다른 방법이 없다고 믿으면서 주류시장에서 제공하는 서비스 중 하나에 의존하고 있기 때문에 시장 수요가 적어 보인다. 하지만 창업자가 비주류시장에 뛰어들고 적은 숫자의 고객부터 만족시키는 것으로 시작하면서, 시장에 작은 변화가 시작된다.

소수 고객이 만족하는 사례를 보면서, 자신의 문제를 심각하게 생각하지 못했거나 다른 방법이 없다고 믿었던 고객들이 시장에 유입된다. 주류시장의 회사가 제공하는 다양한 서비스 중 수요가 적어서 관리가 덜 되던 부분을 특화시켜서 특별한 만족감을 소수에게 선물하면 훌륭한 비주류시장 진출이 가능하다.

물론 이와 관련된 아이디어는 무궁무진하다. 이런 방식을 통해서 비주류시장을 독점적으로 이끌어가면서 활성화시키는 데 해적이 앞장선다. 시간이 지나면서 비주류시장의 서비스를 궁금해하던 주류시장의 고객 중 일부가 유입되면서 비주류시장은 점점 성장한다.

"그렇게 비주류시장이 잘되는 것 같다면 주류시장의 강자가 뛰어들지 않을까요?"라고 묻는다면, 이에 대한 답도 이미 다

준비되어 있다.

첫 번째로 비주류시장의 파이가 적기 때문에 일단 주류시장의 강자는 굳이 뛰어들 필요성을 못 느낀다. 그렇게 되면 본인이 주력하고 있는 주류시장에서 소중한 부분을 포기해야 하기 때문이다.

두 번째는 거대한 기업들이 자신의 플랫폼을 바탕으로 영역을 확장하면서 실패한 사례들이 이미 많이 존재한다는 것이다. 맛집 어플, 배달 어플도 대형 기업들이 뛰어들었지만 시장에서 낙오되었다. 삼성도 소프트웨어 사업에 뛰어들었지만 크게 실패했다. 주류시장의 사업체들은 잘될 것 같은 곳에 주로 손을 대고 그러면서도 실패를 반복하고 있다.

그들이 해적이 되기 전까지는 절대 비주류시장의 공략에 성공할 수가 없다. 비주류 고객에 대한 진정성이 부족하고, 공감 능력도 부족하기 때문이다. 본인들도 그 점을 이미 잘 알고 있다. 비주류시장이 잘되는 것까지 그들이 신경 써서 침범하는 것이 얼마나 비효율적이고 성공 확률 또한 낮은지 잘 안다.

혹여 그들이 관심을 가지게 되더라도 정말 돋보이는 것은 초기 비주류시장을 키워가며 주류에서 관심을 갖도록 만든 선구자 기업이다. 그런 상황이 되었다는 것은 사업이 잘 크고 있다는 것을 의미한다. 그리고 창업자는 이미 자신만의 브랜드를 형성한 상태. 그때는 이미 파트너십, 매각 등 다양한 선택안이 만들어져 있는 상황이 된다. 아무것도 없이 시작했는데 너무나 감사한 순간을 맞이할 수 있는 것이다.

해적이라면 비주류시장을 공략하는 전략은 필수다. 그리고 비주류시장의 첫 번째 고객은 바로 창업자 자신이 되면 더할 나위 없이 훌륭한 시장이라 말할 수 있다.

04 START A BUSINESS WITHOUT MONEY

해적들의 창업 아이템 조건
Ⅳ. 단순화

> 복잡함은 당신의 적이다.
> 어떤 바보도 무언가를 복잡하게 만들 수 있다.
> 단순하게 만드는 게 정말 어렵다.
> – 리처드 브랜슨(버진 그룹 회장)

나는 개인적으로 좋아하는 스마트폰 브랜드가 있다. 약간의 불편함을 감수하더라도 더 매력적인 요소들이 존재하기 때문에 매번 선택은 같았다. 그런 선택에 힘을 더하는 것이 있다. 바로 상품 구성이 단순하다는 것이다. 새 상품이 출시되어도 많으면 2~3개, 적으면 1개의 상품군 중에서 선택하면 된다.

반면에 경쟁 회사 상품들을 찾아보면 종류가 굉장히 많다. 화면 크기와 가격대에 따라서 수십 개의 선택안이 나오는 것을 보고 입이 다물어지지 않았다.

예전에 MP3를 선택할 때도 그랬다. 어떤 상품은 보이스레코더이자 USB이자 MP3의 기능이 모두 있었다. 물론 가격을 염두에 두면 각각의 기능은 평균 정도에 머무를 수밖에 없었다. 하지만 비슷한 가격대의 어떤 MP3는 음악 재생에 특화된 상품이라 음향 퀄리티에 신경을 쓰고 음악을 재생하는 데 최적화된 인터페이스를 가지고 있었다. 당신은 어떤 제품을 선택하겠는가?

물론 둘 중 어떤 상품을 선택할 것인가는 개인마다 다르다. 어떤 서비스나 상품은 복잡해야 더 매력적인 경우가 있다. 최대한 다양한 것을 담아내지만 그 기능들이 고객에게 유리하고, 그런 제품을 제공하는 회사도 역량이 된다면 복잡도가 높은 상품이 경쟁력이 될 수 있을 것이다.

하지만 해적에게는 이런 전략이 치명적이다. 자신이 제공해야 하는 상품이나 서비스의 복잡성이 높거나 선택사항이 많아질수록 감당해야 하는 업무가 늘어나기 때문이다. 당연히 업무에 투여되는 인력도 증가하고 자본도 계속 필요하다.

자본과 조직력을 갖출수록 유리한 방식은 해적에게 어울리지 않는다. 그리고 웬만큼 자본과 조직력을 갖추지 않은 이상 복잡한 상품 구성을 구축하는 것은 회사에 독이 될 확률이 높다. 해적들은 상품이나 서비스에 꼭 필요한 기능에만 집중한다. 그리고 나머지는 제거해버리고 단순화시킨다. 그와 동시에 가격 전략에도 신경을 쓴다.

바로 서비스를 줄이는 대신에 가격은 그대로 두거나 오히려 더 비싸게 유지하는 것이다. 오타가 아니라는 것을 강조하기 위해서 한 번 더 언급한다.

"서비스와 기능을 줄이는 대신에 가격은 그대로 두거나 더 비싸게 유지한다."

얼핏 생각하면 말이 안 되는 이야기인 것 같다. 회사의 서비스가 단순하기 때문에 고객들이 비용을 더 지불하는 것이 정말로 비현실적일까?

예를 들면 휘트니스 센터에서 모든 운동 수업을 다 들을 수 있는 가격이나 요가, 필라테스, 댄스학원 개별로 가는 가격이나 비슷하다. 하나의 서비스를 전문적으로 제공하기 때문에 더 비싼 비용을 받는 일은 얼마든지 존재하고 있다.

어떤 고객에게는 쓸데없이 제공되는 서비스를 제거해주는 것이 오히려 비용을 더 많이 받을 수 있는 명분이 된다. 기존의 창업 이론으로는 이해하기 힘든 부분이지만 계속해서 사례를 만들면서 우리가 입증해가고 있는 사항들이고, 실제로 롱런하고 있는 사업체 중에는 이런 전략을 유지하는 회사가 많다.

애플도 물론 그런 예 중 하나다. 고객을 불편하게 하는 요소가 오히려 더 고가의 상품으로 인식되게 브랜딩하고 있고, 그것은 또한 고객의 충성도를 높여준다.

단순화를 설명할 또 다른 예를 들어보겠다. 버터플라이인베스트먼트는 100개 가까운 무자본 창업 아이디어 문서를 만들어냈다. 그래도 개별로 아이디어를 판매하고 있지는 않다. 우리의 주력 상품은 오로지 1년 동안 52가지 문서를 받는 프로그램이다.

100여 개의 문서들을 개별 판매하고 단가를 높게 책정해서 매출을 늘리는 게 어떠냐고 묻는 이들이 있다. 그렇게 되면 고객들이 다양한 선택안을 가지고 다양한 고민을 할 수 있으니 좋은 것 아니냐고 말한다.

여러 가지 이유로 나는 이런 방침을 취하지 않고 있다. 그 이유는 한 가지로 설명될 수 있는데, 바로 단순화 요소를 지키지 못한다는 것이다. 단순화가 되지 않으면 해적 창업을 하는 데 다양한 문제가 발생한다.

먼저 개별 아이디어를 각각 판매하게 되면 개별 아이디어에 대한 문의에 각각 대응해야 한다. 사업 아이디어에 대한 개별 문의가 들어오게 되면 이 부분에 투입되는 시간과 인력이 많아질 수밖에 없다. 고객의 입장에서도 여러 아이디어들을 문의하다가 선택이 어려워지고 이것 때문에 결제를 더 망설이게 된다.

선택에 따른 고객의 고민을 줄여주고, 만족도를 높여준다면 효율적이지 않을까? 회사 입장에서도 고객 응대를 최소화하고 시간과 인력을 효율적으로 사용하는 게 좋지 않을까?

고객과 회사 양쪽이 원원할 수 있는 전략이 바로 단순화 전략이다. 무자본 창업에 대해서 아무것도 모르는 사람이라면 1년 정도 무자본 창업 아이디어를 받아보면서 해적 정신에 젖어들어

야 무자본 창업에 확신이 생길 것이라 생각했다.

이런 생각으로 1년 동안 52개를 받아보는 패키지 상품을 만들었고, 고객은 굳이 개별 사업 아이디어 구매를 고민하거나 고를 필요가 없다. 대신에 회사는 비교적 고가의 가격을 제시할 수 있게 된다. 고객 입장에서도 지불하는 가격보다 훨씬 많은 서비스를 받는다고 인식하기 때문에 거래가 성립하게 된다.

고객이 해야 할 고민을 줄여주고, 결과적으로는 회사도 효율적으로 운영할 수 있게 해주는 것이 바로 단순화 전략이다. 대기업들은 다양한 상품군을 만들고, 다수의 고객을 만족시키는 게 가능하다. 인력 면에서도, 자본 면에서도 가능하다. 하지만 해적들은 그렇지 못하다. 그리고 되도록이면 회사가 어느 정도 커지더라도 단순화 방침을 크게 벗어나지 않는 것을 추천한다.

더 많은 고객을 잡기 위해서 혹은 경쟁사의 고객을 데려오기 위해서 회사의 색깔을 흐려가면서 상품군을 키워가는 것은 좋은 결과를 가져오기 힘들다. 모든 고객을 다 데려오겠다는 생각으로 상품군을 확장하면서 다양한 가격대를 형성하고, 다양한 할인으로 복잡한 가격대를 형성하면 회사가 롱런하기 어렵다.

적은 상품군, 차별화된 상품으로 고가의 가격대를 형성해야 회사가 롱런할 수 있다. 상품이 복잡하고 선택안이 많으면 높은 가격을 매겨서 판매하는 것이 어렵다. 상품이 단순할 때 비싸게 받기가 더 쉽다. 선택안이 다양하고 복잡한 상품일 때는 고객에게 상품 종류를 소개하고 가격대를 설명하는 시간이 더 많이 들기 때문이다.

어떤 상품들이 있는지 소개하는 시간보다 이 상품이 고객에게 어떤 의미를 지니는지를 전달하는 시간이 있어야 강력한 세일즈가 가능하다. 상품 종류가 적고 단순한 상품이어야만 상품들의 스펙에 대한 소개를 짧게 하고 그 상품이 가지는 특별한 가치와 혜택에 집중할 수 있다. 그리고 왜 이 상품이어야만 하는지를 강조할 수 있다.

버터플라이인베스트먼트는 사업 아이디어 문서를 1년간 받는 하나의 묶음상품을 판매하기 때문에 각각의 사업 아이디어를 굳이 하나하나 설명할 필요가 없게 되었다. 그 설명은 문서를 통해서 자세히 다 볼 수 있기 때문이다. 대신 1년간의 서비스를 통해서 창업 인생에 어떤 변화가 생길 수 있는지 이야기할 수 있다. 하나씩 개별로 구매하는 것보다 1년치를 한번에 결제하는 것이 얼마나 이익인지 설명하는 데 시간을 투자할 수 있다.

회사의 업무는 줄어들고, 객단가는 높아지며, 고객의 고민은 적어지고, 만족도는 올라간다. 이것이 바로 단순화의 힘이다.

창업 아이템을 구상할 때는 이 책에서 말하는 4가지 조건 (즉시 매출, 누구나 영업 대상, 비주류시장, 단순화)을 반드시 포함시켜야 한다. 그래야 해적에게 어울리는 무기가 되고, 진짜 해적으로 키워주는 환경이 구축된다. 해적들은 이에 입각해서 무자본 창업 아이템을 만들고 비즈니스 모델을 구축한다.

이 방식으로 창업 아이템을 리모델링해야만 창업자가 돈은 덜 들이고 더 효율적으로 사업을 진행할 수 있다. 그래야 경쟁 없이 행복하게 오랫동안 사업을 키울 수 있다. 이렇게 사업 아이템을 구축하고, 주변에 의견을 물어보라.

"이 사업 아이디어 어때? 잘될 것 같니?"

이에 따른 답이 "절대 안 될 것 같은데, 말이 안 되는 사업이잖아"라고 돌아온다면 당신은 축하받을 자격이 있다. 롱런하는 해적의 창업 아이템을 당신이 찾아낸 것이다.

05 START A BUSINESS WITHOUT MONEY
해적들은 돈이 아니라
사람을 투자받는다

>나는 그저 나보다 머리가 좋은 사람들을 채용했을 뿐이다.
>– 록펠러(사업가, 대부호)

 사람이 꽃보다 아름답다. 그리고 사람은 돈보다 아름답다. 시나 노래에서만 나오는 이야기가 아니다. 아무리 필요한 것들을 다 갖췄다 해도 사람을 갖추지 못하면 사업이 원활히 진행되기는 어렵다. 일단 창업자 본인이 사업에 어울리는 사람이 되어야 함은 물론이다. 사람이 중요하다고 이야기하는 것의 의미는 쉽게 말하면 다음과 같다.
 안될 것 같은 사업이 사람 때문에 살기도 하고, 될 것 같은 사업이 사람 때문에 죽기도 한다. 정말 강력하지 않은가? 잘 굴러가던 회사에 직원 한 명만 잘못 들어와도 회사 전체 분위기와 매출에 큰 영향을 미친다. 인재 등용이 회사의 운명을 가른다고 해도 과언이 아니다.

그래서 동업자의 의미도 크다. 사업을 시작하는 사람에게는 두려움이 존재한다. 창업을 진행하고 있는 사람에게는 외로움이 존재한다. 그래서 사업을 시작할 때 공동창업자와 함께 시작하는 경우를 많이 보게 된다.

처음 창업한 회사를 보면 대학교에서 동아리 활동을 같이 하던 친구, 전 직장 동료, 가족들이 보통 공동창업자 역할을 맡는 경우가 많다. 오랜 기간 알아왔기 때문에, 누구보다도 서로를 잘 안다고 믿기 때문에, 창업 아이디어로 처음 의견을 나눴던 사람이기 때문에, 그 사람과 공동으로 창업하는 것이 다른 사람보다는 마음이 편하다.

그런데 문제는 편한 사람끼리 편하지 않은 창업을 시작하면서부터 발생한다. 창업 전에 지금의 파트너와 어울릴 때를 생각해보라. 둘은 어떤 대화를 주로 나눴던가? 생계를 걸고 만났던 사이인가? 그렇지 않았을 것이다. 같이 식사하는 것이 편하고, 서로의 관심사가 잘 맞으며, 서로 공유하는 기억이 많아서 대화가 즐거웠을 뿐만 아니라 부담이 없었을 것이다.

창업은 생계를 걸고 뛰어드는 전쟁터나 다름없다. 이전과 같이 편한 대화가 끼어들 틈이 별로 없다. 창업을 하고 나서는 돈이 걸린 이야기를 나누게 되고, 대화 주제도 이전보다는 훨씬 무거워진다. 대화 주제와 분위기부터가 다르기 때문에 이전보다 불편해지는 것은 당연한 일이다.

이런 상황을 미리 알고 있었고, 이에 대한 합의가 있었으며, 각자가 그 분위기에 잘 적응해나가면 다행이다. 하지만 친한 사람들이 공동으로 창업할 때는 많은 부분에서 협의 없이 건너뛰는 게 많다. 이미 서로에 대해 너무 잘 알고 있다는 착각 때문이고, 서류가 등장하거나 계약이 등장하는 것이 서로의 신뢰를 깨는 행위라고 생각하기 때문이다.

좋은 게 좋은 거라는 생각으로 공동창업을 하게 되면 거의 99%는 문제가 발생한다고 보면 된다. 실제로 동창 2명이 창업을 하거나 친한 직장 동료끼리 창업했다가 파트너십이 깨지는 사례는 지금도 자주 목격한다.

망한 회사든 지금 잘나가는 회사든 창업 전부터 친했던 공동창업자가 끝까지 함께 좋은 관계를 유지하면서 사업을 유지하는 경우는 정말 보기 드물다.

"너는 사업을 너무 빡빡하게 접근해."

"너는 사업을 가볍게 대하는 경향이 있어."

이렇게 겉도는 대화가 공동창업자 사이에서 반복된다면 사업의 걸림돌은 계속해서 생겨날 것이다. 의사결정에 있어서 창업 전부터 명확한 기준을 세워놓든가 한 명에게 결정권을 일임한다든가 하는 계약들이 존재하지 않았기 때문이다.

여기서 한 가지 더 무서운 사실이 있다. 제대로 서비스를 론칭하지 않은 상태에서 서로의 성향을 맞추기가 힘들고, 함께하기가 어렵다는 결정으로 사업이 무산되는 것은 그나마 다행이라는 것이다.

그럼 무엇이 더 큰 문제일까? 우여곡절 끝에 수익이 생기면 그게 더 큰 문제가 된다. 수익이 생기기 시작하면 설립 멤버 중에 본색을 드러내는 사람이 생긴다. 돈을 못 벌고 힘들 때는 동업자끼리 더 의지하고 서로 응원하면서 돈독하게 지내기 쉽다. 이럴 때는 본색이 드러나지 않는다. 다같이 힘들기 때문이다.

그런데 회사가 돈을 벌기 시작하면서부터 기여도에 대한 문제, 지분에 대한 문제, 수익 배분에 대한 문제 등을 놓고 다툼이 벌어지게 된다. 회사 돈을 횡령하는 사건도 돈을 벌기 시작하면서부터 생긴다. 믿었던 사람이 단번에 죽일 놈이 되는 것도 한순간이다.

가장 바람직한 상황은 이런 문제가 생기지 않는 것이다. 하지만 언제 큰돈을 벌지, 사람들이 돈 앞에서 어떻게 변할지 모르는 상황이기 때문에 그런 상황을 항상 염두에 두고 창업을 준비하고 공동창업자나 인재를 영입해야 한다.

잘 알고 지내는 편한 사람과 창업할 때도 계약서를 작성하고 공증도 받는 것을 당연하게 생각해야 한다. 나와 최규철 대표도 계약서를 작성해서 합의한 사항으로 사업을 진행하고 의사결정을 하고 있다. 버터플라이인베스트먼트가 창업자를 발굴해서 법인설립을 할 때도 마찬가지다. 계약서 작성은 필수 사항이다. 계약서를 작성할 때는 불미스러운 문제를 일으키거나 회사에 치명적인 해만 끼치지 않는다면 누구도 손해를 보지 않는 상식적인 선을 염두에 둔다.

최규철 대표는 20년 가까이 사업을 해오면서 수십 개의 법인을 설립하고, 대기업과 거래하고, 사기도 당해보고, 고소도 당해보았기 때문에 계약서의 중요성을 나에게 굉장히 강조했다. 그리고 많은 계약서를 작성한 노하우도 있었다. 그래서 나도 그렇게 작성된 계약서에 충분히 공감하고 창업을 하려는 사람들에게도 계약서의 중요성을 자주 강조한다.

계약서를 작성하는 것은 불미스러운 일이 벌어졌을 때 책임을 명확히 하고 문제 해결을 조속히 하기 위해서다. 하지만 이보다 더 중요한 효과는 애초에 불미스러운 일이 발생하지 않도록 막아주는 것이다.

친한 사이라고 해서 계약서 없이 구두 계약만으로 공동창업 관계를 유지하는 것은 집을 사면서 집문서를 받지 않는 것과 같다. 공동창업자가 있더라도 이왕이면 사업의 주도권을 한 명이 가지고 그 사람이 회사 지분도 많이 가지고 있도록 처음부터 협의해서 정하는 게 좋다. 처음 회사를 설립할 때는 지분으로 얻을 수 있는 혜택이나 수익적인 면이 거의 없기 때문이다.

공동창업자들이 균등하게 지분을 나눠 가지게 되면 그 중 한 명에게 문제가 생겼을 때 회사 전체가 영향을 받는다. 반면 주도권을 한 명이 가지고 있을 때는 지분을 다수 가지고 있다가 훗날 인재를 영입할 때나, 공동창업자에게 동기부여를 할 때 지분을 사용할 수 있다. 비슷한 지분을 가진 공동창업자들이 회사를 꾸려나갈 때 좋은 결말을 맺는 것은 정말 힘든 일이란 걸 꼭 기억해야 한다.

지금까지 공동창업자와 인재 영입에 대해 이야기했다. 이쯤에서 해적은 돈이 없는데 인재를 어떻게 영입할 수 있는지 궁금해하는 독자들이 있을 것 같다. 해적은 '큰 목표'를 필두로 하는 무자본 창업 아이디어를 가지고 있다. 앞서 이야기했듯이 큰 목표는 사회적 문제 해결을 포함한다.

창업자는 사업을 통해서 자신과 사회의 중요한 문제를 해결하고자 함과 동시에 사업을 주변에 계속 알릴 것이다. 그 와중에 큰 목표에 공감한 사람들이 나타날 것이고, 그런 사람들 중에 이 사업에 정말로 큰 도움을 줄 수 있는 사람, 친구보다는 어려운 사람에게 사업의 구체적인 안을 제시하고 합류를 권한다.

사업의 구체적인 내용을 듣고 합류를 원하는 사람에게는 주주가 될 것을 제안한다. 그리고 그로부터 딱 100만 원만 투자금을 받는다. 이 돈은 비즈몬스터에서 법인을 설립하는 데 쓰일

비용이다. 그리고 합류한 사람에게는 회사 지분의 1% 혹은 10%를 주면 된다.

버터플라이인베스트먼트는 선 매출을 통해서 법인설립 비용을 만드는 것을 추천하고 있지만 위처럼 자신이 함께하고 싶은 특별한 사람을 주주로 모시면서 법인설립을 하는 케이스도 용인하고 있다. 이렇게 하면 회사 설립 전부터 법인설립 비용을 다 마련하고 무자본으로 창업하면서, 인재를 영입하는 문제까지 한번에 해결할 수 있기 때문이다.

'그런데 왜 꼭 어려운 사람이어야 하나?'라는 의문이 들 수 있다. 100만 원 정도의 돈이라면 친한 친구 중에서 회사에 지분 참여를 원하는 사람에게 받아도 된다. 만약 편한 친구 혹은 선후배가 호기심으로 지분 참여를 해서 창업자는 비용을 안 들이고 법인이 설립했다고 해보자.

일단 창업을 진행하면서 새로운 사람에게 도움받을 수 있는 기회가 적을 것이다. 그리고 창업자가 중간에 사업을 중단하고 싶은 생각이 들 때, 쉽게 사업을 중단하려고 할 것이다. 편한 사람이 회사의 주주로 있다 보니 긴장감이 없기 때문이다. 그런데 은사님이나 유명인, 정말 사업 아이템이 잘되길 바라는 사람을 영입했다면 그들을 봐서라도 쉽게 사업을 접지 못한다. 이것이 창업을 그만두지 않는 절대적인 요소가 될 수는 없지만 곳곳에 창업을 중단하면 안 되는 장치들을 마련하는 것으로도 충분한 의미가 있다.

어차피 100만 원이라는 돈은 창업자 본인도 금방 구할 수 있을 것이다. 굳이 지분을 주면서까지 받아야 할 만큼 큰돈이 아니다. 그렇기 때문에 이왕 지분을 주면서 돈을 받는다고 하면 창업에 필요한 인재, 도움을 받았던 은사, 이 사업 아이템이 잘되길 간절히 바라는 사람을 영입하면서 법인설립 비용도 해결하고 사업에 도움되는 사람도 구하는 식으로 활용하라는 것이다. 추가로 창업자 입장에서는 어떻게든 사업을 지속할 장치가 마련되는 것이기 때문에 1석 3조의 효과를 거둘 수 있다.

무자본 창업 성공 사례 Ⅲ

인생을 게임으로 만드는 회사
쿰!라이프게임즈

지하철을 타다 보면 흔히 볼 수 있는 광경이 있다. 스마트폰을 보고 있는 사람들이다. 영화를 보거나 드라마를 보는 사람도 많지만 게임을 하고 있는 사람들이 정말 많은 것 같다.

게임을 자주 하지 않는 사람도 가끔씩 게임에 빠지는 경우가 있고, 게임을 정말 좋아하는 사람의 경우는 게임 캐릭터를 키우기 위해서 상상 이상의 비용을 지불하기도 한다.

쿰!라이프게임즈는 인생 게임을 주도하는 회사. 게임의 참가자는 인생의 주인공이 자신이라는 사실을 발견하게 해주는 회사에게 미션을 받게 된다. 스마트폰 속의 게임 캐릭터 대신에 자기 자신을 키우는 것이다.

게임은 혼자서 하면 재미가 없다. 그래서 이 게임은 100명이 동시에 시작한다. 인생 게임에 참가하기로 하고 비용을 지불한 100명은 매일매일 회사가 주는 미션에 따라서 각자가 알아서 A4 한 장 정도의 글을 쓴다. 회사는 게임 참가자에게 아래와 같이 대부분 자신을 되돌아보게 하는 주제와 관련된 100가지 질문에 답하게 한다.

"학창시절로 돌아간다면 어떻게 살고 싶은지 적어보세요."

"매월 500만 원이 나온다면, 어떤 일을 하고 싶은지 적어보세요."

"내 몸의 각 기관에 대화를 걸어보고 대화 내용을 적어보세요."

물론 혼자서 이런 글들을 쓸 수도 있지만, 혼자서 하면 금방 지치고 재미가 없다. 그리고 혼자서 하면 매일매일 동기부여를 하기가 어렵다. 함께하는 여러 명의 참가자가 있기 때문에 게임을 완주할 확률이 훨씬 높아진다. 또한 비용을 치렀다는 것도 이 미션을 끝까지 진행해야 할 또 하나의 이유가 된다.

이런 미션을 통해서 100명의 스토리가 담긴 100장의 글이 매일 세상에 나온다. 100일이 지나면 참가자 각자의 인생을 돌아보는 100개의 글들이 자신을 기다리고 있다. 100일의 고된 기다림을 통해서 곰이 사람으로 되어가는 신화처럼, 100일간의 게임을 통해서 진짜 자신을 잘 아는 나로 새롭게 태어나는 것이다. 참가자 각자에게도 의미가 있고 쿰!라이프게임즈도 방대한 콘텐츠를 만들어내는 회사로 자리매김할 수 있다. 이렇게 만들어진 콘텐츠들은 참가자들이 출판할 때 사용될 수도 있고, 취업할 때도 사용될 수 있다.

게임으로 자존감을 찾아주다

콘텐츠가 세상에 나오는 것도 중요하지만 더 중요한 것은 매일매일 자신을 돌아보는 글을 스스로 작성했다는 사실이다. 그래서 자기 자신을 더 잘 알게 되고, 자존감이 생기는 사람들이 세상에 더 많아지는 것이다. 외부의 기준에 더 큰 무게를 두고 상처받는 사람들이 늘어가는 현실에서, 자기중심이 있는 사람으로 성장하기 위한 최고의 게임 프로그램인 것이다. 어쩌다 한번 자신을 돌아보는 것으로는 자신을 잘 알기가 어렵다. 게임처럼 빠져서 즐겁게 매일 관심을 가져줘야만 진짜 자신의 모습을 볼 수 있게 된다.

이 사업을 시작한 CEO도 신태순 대표의 미션에 따라서 자신을 돌아보는 글쓰기 과정을 거쳤다. '꼴통쇼'라는 토크쇼에서 매일 글쓰기 미션을 받았던 사람이 현재 이 사업의 CEO를 맡고 있다. 100일, 200일, 300일, 1년이 넘도록 매일 자신을 돌아보는 글을 썼다. 그러면서 의기소침했던 그는 자신감을 얻었고, 자신만의 책을 펴냈으며, 다니던 회사를 그만두고 사업을 시작했고, 자신만의 브랜드가 생겼으며, 팬도 생기기 시작했다.

지방에서 무작정 서울로 올라와서 힘든 직장 생활을 버텨내면서 어린 나이에 독하게 만들어낸 결과물이다. 쿰!라이프게임즈도 물론 선 매출을 발생시키고, 그 돈으로 법인을 설립하고 게임에 참가할 사람들을 계속 모집하고 있다.

무자본 창업 성공 사례 Ⅲ

경매에 함께 투자하고
수익을 나누는 회사
이명재메이저경매

경기가 안 좋아지면서 경기와 관련된 사업과 교육이 활발해지는 것을 확인할 수 있다. 그 중 하나가 바로 경매 교육이다. 조금만 검색해봐도 다양한 경매 전문가들이 교육을 진행하고 있는 것을 확인할 수 있다.

버터플라이멤버십 회원 중에도 경매 전문가가 있다. 그는 '하루 만에' 시리즈에 맞춰서 '하루 만에 경매 마스터하기'라는 경매 교육을 만들었다. 그리고 '100만 원으로 경매하는 법'과 같은 초보자를 위한 강의도 만들었다. 강의와 동시에 '하루 만에 책쓰기' 프로그램을 통해서 경매 책도 제작했다.

경매 교육이 사업으로 변신하다

이러다 보니 자연스럽게 연회원제 경매 교육 프로그램이 만들어졌고, 사업화가 진행되었다. 연회원제 프로그램은 매주 실전경매와 관련된 자료를 메일로 보내주고, 한 달에 한 번 오프라인 미팅을 하는 서비스를 제공한다. 한 달에 한 번 만날 때는 강의를 하기도 하고, 함께 물건을 보러 가기도 하며, 경매에 참여하는 시간을 가진다.

다른 경매 교육과 차별화된 점은 회사가 회원들과 함께 경매에 입찰을 하고 낙찰받는 과정을 공유한다는 것이다. 그리고 낙찰받은 물건을 현금화할 때, 그 수익을 공유하는 방식으로 회원들의 수익을 보전해준다.

손해가 나는 경우는 어떻게 할까? 손해 부분은 회사가 책임을 진다. 실제로 이 사업의 CEO는 15년간 경매를 하면서 단 한 번도 손해가 난 적이 없기 때문에, 서비스 약관에 이런 파격적인 조건을 내걸 수 있었다.

처음에 그는 사업에 관심이 없었고, 굳이 다른 일을 하지 않아도 부동산 투자만으로 충분히 큰 수익을 만들어가고 있었다. 그런데 버터플라이인베스트먼트를 만나고 책쓰기와 강의에 도전하면서 재미를 느끼고 무자본 창업의 매력을 느끼면서 새로운 교육 사업까지 진출하게 된 것이다.

경매를 통해서 자신이 얻었던 수익화 노하우를 세상에 더 많이 제공하기 위해서 즐겁게 이 사업을 시작했고, 경매를 통해서 수익을 내는 사례를 계속해서 더 많이 만들면서 조금씩 규모를 키워갈 계획을 가지고 있다.

무자본 창업 성공 사례 III

⑪ 우량기업에 투자하고
기다릴 수 있게 만들어주는 회사

퀘이사인베스트먼트

주식투자로 돈을 많이 번 사람이 있다는 소문은 무성한데, 주변에서 그런 사람을 실제로 보는 것은 쉽지 않다. 또 가끔씩은 주식으로 수십억 원, 수백억 원 벌었다던 사람이 어느 순간 그 돈을 다 잃고서 잠적해버렸다는 으스스한 소문이 들리기도 한다.

그만큼 주식투자는 정답을 알기가 어려운 분야다. 하지만 주식투자가로 오랫동안 필드에서 활동하는 사람들의 조언을 참고해보면 정답에 근접한 솔루션은 나와 있는 것 같다. 바로 우량주를 사서 오래 보유하는 것이다. 우량주를 사는 것도 문제고, 오래 보유하는 것도 문제다.

사실 절대 망하지 않을 것 같고, 오래갈 것 같은 우량주를 고르는 것은 그나마 쉬운 일에 해당한다. 당장 며칠 안에 오를 주식을 고르는 것이 어렵지, 구글이나 페이스북 같은 회사가 우량주고, 꾸준히 가격이 오를 것이라 생각하는 것은 어려운 일이 아니다. 지금 봐도 우량주고, 몇 년 전에 봐도 우량주임에 틀림없다.

다만 이런 우량주를 사더라도 오래 보유하지 못하는 것이 가장 큰 문제다. 주가 변동에 따라서 계속 마음이 흔들리고 투자 계획이 바뀌기 때문이다. 심리적인 문제를 해결하지 못하면 우량주를 장기 보유하는 것은 요원한 일이 된다. 아무리 투자 고수라 하더라도 이런 부분을 해결하는 것은 어렵다고 인정한다.

모두가 알지만 아무나 하기 힘든 일을 하다

퀘이사인베스트먼트는 이런 일을 가능하게 만들기 위해서 기획되었다. 퀘이사인베스트먼트는 회원권을 판매하는 회사다. 회원권을 사면 회원권을 보유하고 있는 동안에 금융과 경제에 관련된 다양한 정보를 회사에게 제공받을 수 있다. 여기에는 어떤 주식이 급등할지, 빠른 시간 내에 어떻게 수익을 얻는지에 대한 정보는 전혀 없다. 주식 추천도 전혀 하지 않는다. 기초적인 금융지식을 탄탄하게 키우는 것이 목적이다. 그리고 제공하는 정보들에는 우량주를 장기로 보유해야만 하는 근거가 담긴 내용들이 주를 이룬다.

퀘이사인베스트먼트는 회원권 판매로 인해서 회사 수익이 발생하면 그 돈으로 우량주를 구매한다. 고객의 돈을 대신 투자하는 것이 아니라, 회사에 생긴 수익을 주식에 투자하는 것이다. 그리고 회원권의 가치는 '회사가 보유하고 있는 우량주의 가치+기타 제작되는 금융정보의 양'에 따라서 상승한다. 회원권은 평생 보유해도 되고 1년에 한 번 회원권 가치를 평가하는 시점에서 회사에 되팔 수 있다. 그 시점의 회원권 가치로 퀘이사인베스트먼트가 되사가는 것이다.

퀘이사인베스트먼트가 투자한 우량주들의 가치가 상승할수록 회원권의 가치도 상승하고, 회원권의 매도는 1년에 한 번으로 제한하기 때문에 강제적으로 돈을 우량주에 묶는 효과가 난다.

이 사업을 주도하는 CEO는 이미 10여 년 전부터 이런 방식으로 우량주를 사모아온 30대 초반의 젊은 청년이다. 한국과 미국 가리지 않고 우량기업의 주식을 최소 5년 이상씩 보유해왔고 그것으로 거대한 자산을 구축한 사람이다. 자신이 우량주를 오래 보유하는 방식으로 이미 성공적인 결과를 얻었기 때문에, 버터플라이인베스트먼트에서 퀘이사인베스트먼트 사업 아이디어를 공개했을 때, 이것은 자신을 위한 사업이라고 당당하게 이야기할 수 있는 명분이 존재했다. 퀘이사는 가장 멀리 있으면서 가장 빛나는 별이다. 먼 훗날 빛나는 별을 만나길 고대하면서 이 사업을 론칭했다.

무자본 창업 성공 사례 Ⅲ

윈윈 전략으로 점포 인수하기
무자본 점포 창업

무자본 점포 창업에 대한 이야기는 책 초반에 잠깐 등장했기 때문에 어떻게 그것이 가능했는지 구체적인 내용을 궁금해하는 독자들이 많을 것이다. 사실 무자본 점포 창업에 대해서는 텍스트만으로는 제대로 전달이 안 되거나 오해를 살 수도 있는 부분이 있어서 오프라인 강의에서도 긴 시간을 두고 이야기한다.

　　무자본 점포 창업을 한 이들이라고 해서 돈 없고 불쌍한 사람들이 아니다. 오히려 창업 고수나 창업으로 어려움을 겪고 있는 사람을 도와줄 방법을 분명히 알고 있는 사람들이 무자본으로 점포 창업을 성공시키는 것이다.

　　적자를 보고 있고, 권리금도 없는 식당의 한 공간을 빌려서 커피를 팔았던 사업가가 한번에 매출을 크게 올릴 기획과 실행력이 있었다. 바로 1년치 커피 쿠폰을 팔았던 것이다. 예를 들면 1년 동안 매일 커피를 사먹으면 60만 원의 비용이 드는데 1년짜리 커피 쿠폰을 30만 원에 판매하는 방식이었다. 객단가가 높아지는 효과도 있지만 자동으로 단골이 되는 효과도 있다. 커피 쿠폰을 가진 사람들이 자주 방문하면서, 커피뿐만이 아니라 샌드위치 같은 다른 제품의 구매율도 높아져 매출이 안정적으로 발생하는 효과를 거뒀다.

커피 쿠폰을 가진 사람이 자신의 친구들도 데려오면서 북적거리는 공간이 되기 시작했다. 그래서 식당과 카페는 분리가 되고, 권리금도 생기게 된 것이다. 매출이 발생하지 않던 곳의 매출을 높여주고 권리금도 만들었기 때문에 자연스럽게 점포의 경영권을 돈 안들이고 가져갈 수 있었다.

돕는 마음으로 출발하다

카페뿐만이 아니라, 학원, 헬스장, 독서실도 이와 비슷한 방식으로 기존에 힘든 업체들의 문제를 해결하면서 무자본으로 점포를 인수한 사례들이 존재한다. 이런 방식의 창업에 성공한 사람들은 모두가 대단한 실행가였고, 기본적으로 어려운 사람을 돕는 마음이 있던 사람들이었다. 잘 안되는 점포가 있는데 그 근처에 굳이 돈을 들여서 새로운 경쟁 점포를 만드는 것은 서로에게 좋은 선택이 아니다. 차라리 이미 있는 점포의 문제를 해결하면서, 창업 비용을 절감할 수 있는 절충안을 찾는 것이 더 나을 수 있다. 물론 이것도 어려운 일이다. 하지만 대출받고, 투자받아 많은 돈을 들여 창업해서 성공하는 것보다는 낫다.

그리고 점포를 가진 입장에서 이런 제안을 받았을 때 굉장히 기분 나빠할 수 있는 여지가 많다. 그래서 기존 사업자들을 어떻게 설득할지에 대한 고민도 충분히 해야 한다. 창업을 하고 매달 적자를 보는 사람들의 입장에서 고민하고, 공감한 상태에서 문제를 타개할 기획과 실행력을 가지고 접근해야 진정성이 생긴다. 그리고 수익이 발생했을 때, 점포의 원주인에게 충분히 보상하는 조건으로 출발해야 한다. 잘 안되는 점포를 가지고 테스트 삼아서 장난처럼 창업을 실험해보는 것은 범죄에 가깝다. 윈윈하지 않는 전략은 절대 진정한 솔루션이 아니고, 우리가 추천하는 바도 아니다.

  자본을 들이지 않고 점포 창업을 성공시킨 사람들의 이야기를 소개하는 것이 창업의 여러 가지 문제를 해결하는 방향으로 영향을 미치길 진심으로 바란다. 경영 능력이 없어서 어려움을 겪고 있던 누군가에는 새로운 경영 방법을 알게 해주는 기회가 될 수도 있고, 창업이 적성에 맞지 않음을 깨닫고 점포를 정리하고 싶은데 이왕이면 손해 보지 않고 정리하고 싶었던 누군가에게는 정말 고마운 상황일 수 있기 때문이다.

  무자본으로 점포 창업이 가능하다는 사실을 말하면 많은 사람들이 의아해하지만, 실제 성공한 사례들이 이렇게나 다양하다. 이 책에서 예를 든 방법 말고도 더 새롭고, 멋지고, 윈윈할 수 있는 전략이 세상에 많이 등장하길 바란다.

Chapter 4

해적들의 성공 전략
- 남들과 다른 길을 간다

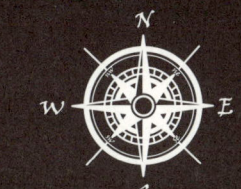

01 START A BUSINESS WITHOUT MONEY

사업계획서를
쓰지 않는다

> 아이디어가 성공할지 알아보기 위해 막대한 비용을 들여 시장조사를 하거나 보고서를 잔뜩 만들 필요가 없다. 대부분은 상식과 비전만 있으면 충분하다.
> – 리처드 브랜슨(버진 그룹 회장)

사업계획서 작성은 창업자들이 해야 할 필수 단계로 여겨진다. 그래서 사업계획서 작성과 관련된 교육들이 많이 이뤄지고 있으며 인기도 있다.

물론 창업 전에 큰 그림을 그리고, 목표를 설정하며, 미래의 스케줄을 미리 짜보는 일들은 기본적으로 필요한 작업이다. 단, 창업자가 이 사업계획서를 어디에 활용하는지가 중요하다. 사업계획서를 작성해서 누구에게 보여주겠는가? 사업계획서를 고객에게 보여주는 경우는 거의 없을 것이다.

대부분, 사업계획서는 보통 투자를 받기 위해서 작성한다. 지금은 별로 큰 가치가 없어 보이는 회사지만, 앞으로 어떤 일을 벌이고 결과를 만들지 사업계획서에 담아서 투자자에게 보여준다. 그리고 사업계획서대로 된다면 훨씬 거대한 가치를 만들어낼 테니까 그나마 저평가되어 있는 지금 회사에 투자하라고 이야기해야 한다.

사업계획서는 말 그대로 계획서다. 계획대로 된다면 모두가 좋은 것이기 때문에 굳이 겸손하게 작성할 필요를 못 느낀다. 시장 규모에 대한 분석, 매출에 대한 예측, 수요조사에 대한 해석 등 수치적으로 표현할 수 있는 부분에서 최대한 과장하는 것이 전략이 된다. 그래야 높은 가치 평가를 받을 수 있기 때문이다. 사업계획서에 반드시 포함하는 내용들이 정해져 있지는 않지만, 기본적으로 다음과 같은 내용을 담고 있다고 보면 된다.

- 회사 개요 : 회사 소개 및 비전, 제품(사업 소개), 회사 연혁, 경영진 현황, 조직구성, 자본금 및 자본금 구성 등
- 산업 분석 : 시장의 개요 및 동향, 시장 규모 및 성장성, 경쟁사 분석 등
- 사업 전략 : 회사의 핵심 역량, 핵심 사업에 대한 전략, 성장 전략 등
- 경영 계획(매출 계획) : 판매 계획, 추정 재무제표, 추정 기업가치 등
- 기타 : 특허, 인증, 계약서 등

이렇듯 사업계획서에 담기는 내용을 살펴보면 고객을 대상으로 작성된 것이 아니라는 사실을 확실히 알 수 있다. 그리고 조금이라도 더 유리한 조건으로 투자받기 위해서 내용을 과장하고 싶은 욕구가 생길 법도 하다.

물론 창업자의 거대한 포부가 사업계획서에 담기는 것을 나무랄 수는 없다. 하지만 사업계획서에 담긴 포부가 창업자가 정말로 인생을 거는 목표인지 당장 돈을 조금이라도 더 받기 위한 타협인지는 구분되어야 한다. 당장 돈을 투자받는 것이 중요해서 하지도 않을 일을, 필요도 없는 일을 만들어서 계획에 담고, 수치들을 의도적으로 심하게 부풀렸다면 그 사업계획서는 사기계획서가 된다.

그리고 사기계획서를 바탕으로 돈을 투자받았다면 사업이 제대로 진행되지 않았을 때 창업자가 져야 할 책임도 더 커질 수밖에 없다. 계획서대로 진행되지 않은 이유를 해명해야 하고 금전적·법적으로 책임을 져야 할 수도 있다. 심한 경우 CEO 자리를 박탈당할 수도 있다. 악의적인 투자자를 만났다면 어떤 일이 벌어질지는 상상조차 하기 싫을 정도다.

당장 조금이라도 더 많은 돈을 투자받는 것에 급급해서 사업계획서를 부풀려서 작성하다 보면 어느새 다루지 않는 사업 분야가 없을 정도로 방대한 사업계획이 담겨 사업계획서는 한번에 읽기 힘든 분량이 될지도 모른다. 내가 만약 투자자라면 이런 사업계획서를 보고 투자하지는 않을 것이다.

가장 매력적인 사업계획서는 아마도 다음과 같은 내용이 담긴 A4 한 장도 안 되는 사업계획서가 아닐까 싶다.

"우리 회사는 사실 이미 자체적으로 충분한 매출을 발생시키고 있습니다. 광고비나 임대비, 인건비 등 고정비용이 거의 없기 때문에 적자가 나는 상황은 단 한 번도 없었습니다. 간단히 말씀드리면, 매달 들어오는 돈이 나가는 돈보다 많습니다. 고가의 상품임에도 불구하고 개별 고객들의 만족도를 높이는 것에 집중하고 있기 때문에 매출은 거의 고객들의 입소문을 통해서 발생하는 편입니다. 솔직히 말씀드리면, 지금 상황에서 굳이 투자받을 필요성을 느끼지 못하고 있습니다."

이 말에 '이런 거만한 창업자를 봤나'라는 반응이 나올 수도 있을 것이고 '이 회사에 꼭 투자해야겠네'라는 반응이 나올 수 있을 것이다.

만약 내가 투자하는 사람이고, 수익성을 생각한다면 두 번째 반응을 보였을 것이다. 자체적으로 생존이 가능해서 투자를 거절하는 회사야말로 투자할 가치가 있다고 생각한다. 그리고 버터플라이인베스트먼트를 통해서 만들어지는 회사는 모두 이런 특징을 가지고 있다.

사업계획서를 통해서 투자받고 이 자본을 기반으로 창업하겠다는 행위는 스스로의 힘으로 매출을 만들지 못하는 것을 은 연중에 인정하는 것이다. 일부 그렇지 않은 창업가도 있을 것이다. 정말 존경하는 투자자와 함께 사업을 하고 싶어서 투자받을 수도 있고 자신이 하고자 하는 사업 분야에 특화된 투자를 많이 해본 투자회사로부터 노하우를 얻고자 투자를 받을 수도 있다.

사업을 시작하는 사람들에게는 각자 사정이 있기 때문에, 투자받는 행위 자체를 비난하려는 것은 아니다. 다만 투자를 받을 때 "나는 창업할 준비가 다 되어 있는데, 돈만 없어"라는 생각으로 투자받는 것은 정말 위험하다는 이야기를 해주고 싶다. 만약 창업할 준비가 되었다고 말한다면 당장 고객을 찾아서 매출을 올릴 수 있어야 한다. 그 방법은 찾지 않고, 오로지 돈이 없는 것이 문제라고 판단하고 돈에 의지하는 행위가 위험하다는 것이다.

일단 한번 투자를 받기 시작하면, 중독된 것처럼 자금이 필요할 때마다 매출을 올리려 하기보다 투자에 의존하기가 쉽다. 열정적으로 사업계획서를 준비하고 있는 창업자 입장에서는 절대 그렇게 되지 않을 것이라고 이야기할지 모른다. 시작할 때만 투자받고 그 다음부터는 직접 벌어서 운영자금을 마련하겠다고 다짐할 수도 있다.

하지만 사업을 시작한 후 직원 월급을 제때 주지 못하는 상황, 지불 대금을 빨리 갚아야 하는 상황이 발생하면 투자받거나 대출받는 것을 가장 먼저 떠올리는 게 자연스러운 수순이다. 다행히 몇 번의 난관을 투자받아 헤쳐나갔다고 생각해보자. 그러면 어느 순간부터는 당장 매출이 발생하지 않더라도, 당장 현금흐름이 좋지 않더라도, 예전만큼 절실하게 움직이지 않을 확률이 높다. 또 투자받거나 빌리면 되기 때문이다.

이것은 창업자가 훌륭한 창업 멘토를 두고 있다고 해서, 창업 경험이 많다고 해서 통제할 수 있는 부분이 아니다. 괜히 중독이라고 부르는 게 아니다. 오히려 인맥이 넓고, 스펙을 통해서 어필할 수 있는 부분이 많을수록 투자받아서 회사를 키우고자 하는 유혹에 빠지기 쉽다. 어떤 독자는 이렇게 얘기할지도 모른다.

"세상에 눈 먼 돈은 많다. 정부에서 돈을 받으면 굳이 안 갚아도 되는데 그런 돈을 안 받는 것이 어리석은 것 아니냐."

정말로 사업계획서를 잘 쓰고, 프레젠테이션을 멋지게 해서 정부의 돈을 쉽게 받을 수 있는 사람이 있다면 본인만 계속 투자받지 말고 그런 방법을 알려주는 사업을 하면서 돈을 벌라고 말해주고 싶다. 실제로 사업계획서 작성을 도와주고 수수료를 받는 업체들도 많다.

나는 눈 먼 돈이기 때문에 무조건 받아야 된다는 말에 동의하지 않는다. 눈 먼 돈을 쉽게 받는 것에 익숙해지면 어떻게 될까? 처음에 자신이 하려고 했던 사업은 소홀해지고 쉽게 돈 벌 수 있는 창업대회 같은 투자 기회만 엿보러 다니게 된다.

창업지원금 사냥꾼이라는 이름도 그냥 나온 것이 아니다. 사업은 몇 년째 정체되어 있으면서, 오로지 계획만 가지고 각종 지원금을 받으러 다니는 사람들이 정말 많다.

당장은 그 돈이 자신의 궁핍함을 채워줄지 모른다. 하지만 이런 방식으로는 창업을 통해서 그 누구도 행복해지지 않는다. 그런 지원금도 모두 세금이다. 결국 진짜 돈을 받아야 할 사람에게 돈이 가지 못하는 경우가 계속 생긴다.

가장 불행한 사람은 자신의 창업 아이템을 당장의 눈 먼 돈과 타협한 창업자다. 이렇게 쉽게 번 돈은 쉽게 나가고, 창업자는 돈의 노예로 전락하게 된다. 창업을 선택하면서 가슴 뛰는 비전을 그렸을 것이고, 만들고 싶은 세상과 전파하고 싶은 문화가 있었을 것이다. 높은 연봉을 포기하지 못해 억지로 회사를 다니는 것에 진절머리가 나서 창업을 결심했는데, 창업을 하고 나서도 또 비슷한 수순을 밟는 것은 정말 안타까운 일이다.

당장 돈을 많이 버는 것도 의미가 있지만 창업을 결심한 사람이라면 자신이 설립한 회사를 장기적으로 키워가는 것에 의미를 두어야 한다. 이렇게 얻는 부와 명예가 훨씬 크기 때문이다. 눈먼 돈을 어떻게든 내가 챙겨와야겠다는 마음가짐으로는 회사의 성장이 이뤄질 리 만무하다.

나도 창업 마인드 교육을 하면서 계속 안타까운 창업자들의 모습을 목격한다. 처음에는 거대한 목표를 가지고 열정적으로 사업을 시작했던 사람들이 하나 둘, 돈 앞에서 창업가의 심장을 내려놓고 타협하는 상황들이 발생하는 것이다.

정부에서도 꼼꼼한 관리 없이 자금을 풀면서 이런 상황에 일조하고 있다. 창업자들이 자신의 창업 아이템을 키워서 돈을 버는 것보다 돈 줄을 쥐고 있는 사람들에게 의존하게 만드는 것이다. 그러다가 창업자로서의 자생력을 잃어버린다.

야생에 사는 코끼리와 동물원에 사는 코끼리 중에 어느 쪽의 수명이 더 길까?

4500마리 이상을 대상으로 진행된 실험 결과, 동물원 코끼리의 경우 야생 코끼리보다 2분의 1 혹은 3분의 1밖에 안 되는 수명을 기록했다. 수명이 짧은 원인은 운동 부족과 비만 등으로 밝혀졌다. 동물원의 동물은 먹이를 찾는 노력을 하지 않아도 되고 척박한 환경에 적응할 필요도 없다. 꼬박꼬박 질 좋은 먹이를 제공받는다. 하루 종일 잠만 자도 된다. 꼬박꼬박 나오는 월급에 만족한다면 창업을 꿈꾸지 않았을 것이다. 주도적인 삶을 살고, 돈도 더 많이 벌고 싶었기 때문에 창업을 시작했을 것이다.

그런데 그런 창업을 시작하고도 결국 또 주도적인 삶을 포기하고 돈에 의존하며 야생을 포기하는 이유는 무엇인가? 창업 초기에는 누구나 힘들다. 그리고 시간이 지나도 계속 어려운 일은 발생하지만, 이를 극복하면서 어려운 일을 쉬운 일로 만들 수 있다. 창업 초기부터 야생의 길을 가지 않으면 창업가의 미래는 밝지 않다.

지금 혹시 사업계획서를 쓰고 있는가? A4 한 장을 채웠으면 충분히 많이 쓴 것이다. 이제 광고전단을 만들고, 홍보 게시물을 작성해서 고객을 만나라. 그리고 고객에게 바로 돈을 받는 연습을 시작하라.

02 START A BUSINESS WITHOUT MONEY

먼저 판매하고
나중에 생산한다

> 위대한 진실은 항상 처음에는 신성모독으로 받아들여진다.
> – 조지 버나드 쇼(소설가, 비평가)

앞에서 투자를 받기 위한 사업계획서는 쓰지 말라고 이야기했다. 남들 다 하는 것을 하지 말라고 이야기해놓고 그냥 끝내버리면 이 글을 읽는 독자들이 나를 무책임하다고 생각할 것이다. 그렇다면 사업계획서를 쓰지 않는 창업가는 무엇을 준비하면 좋을까?

나는 고객을 만나 세일즈할 태세를 갖추라고 이야기한다. 그러기 위해서 필요한 것이 바로 상품에 대한 광고전단이다. 팸플릿이 될 수도 있고, 온라인상의 홍보 게시글이 될 수도 있다. 고객에게 전달이 되어서 매출과 바로 연결될 수 있다면 어떤 형태의 홍보물이라도 상관 없다. 홍보물을 제작하는 데 어려움을 느낀다면 고객에게 상품을 설명하고 결제를 유도하는 멘트라도 계속 연습하라.

해적들은 사업계획서를 쓸 시간이 없다. 고객만 창출해낼 수 있다면 굳이 투자받을 필요도 없다. 그래서 오로지 광고전단과 세일즈 멘트를 발전시키면서 고객을 설득할 준비를 하는 것이다. 그리고 고객을 만났을 때 매출을 발생시킬 방법만 연구하면 된다.

사업계획서는 책상에 앉아서 사업을 준비하는 것이다. 반면 광고전단을 만드는 것은 필드로 가서 고객을 만날 준비를 하는 것이다. 필드에 나가서 세일즈를 시도해봐야지만 고객의 진짜 목소리를 들을 수 있다. 몇날 며칠에 걸쳐 설문조사를 하고, 전문가의 의견을 다 종합해도 하루동안 세일즈를 직접 해보면서 고객의 진짜 목소리 듣고 오는 것만 못하다. 물론 첫 번째로 만든 전단지로 돈을 벌지 못할 확률이 높다. 온라인에 올린 첫 번째 광고글로 돈이 안 벌릴 수도 있다. 그래도 괜찮다. 처음에는 부족한 점이 당연히 존재하기 때문이다.

초기에는 고객의 반응을 보기 위한 샘플이라 생각하고 소수 제작하여 비용을 아낀다. 세일즈가 진행되고 고객의 피드백을 받으면서 상품 설명과 광고전단에 들어갈 내용을 보완해나간다. 그러다 보면 조금씩 홍보물의 수준이 높아지고 타깃도 분명해지는 것을 느낄 수 있다.

초반에는 뒤죽박죽이던 상품 설명도 세일즈 현장에서 고객을 만나면서 다듬어나가다 보면 불필요한 설명은 빠지고 내 입에 맞는 단어들로 채워지면서 점점 세련되게 변해간다. 상품소개서와 홍보물로 세일즈를 하면서 가장 중요한 단계가 실제로 돈을 받아보는 단계다.

광고전단에 반응이 없다면 광고전단 내용을 수정하면 된다. 광고전단은 마음에 들어하는데 고객이 돈을 지불하지 않는다면 어떤 부분이 부족한지 고객에게 정중히 물어보고 보완할 점을 찾는다. 이때 듣는 피드백 하나하나가 고급 정보들이다.

이런 체험을 책상에 앉아서 할 수 있을까? 절대 불가능하다. 오로지 세일즈 현장에서만 얻을 수 있는 진짜 고객의 목소리다. 상품 출시를 앞두고 진행하는 설문조사에서는 진짜 고객의 목소리를 듣기가 어렵다. 설문조사에서 잠재 고객들이 상품에 대단한 기대를 표한다고 자랑했다가 막상 출시되고 난 뒤 고객의 싸늘한 반응에 깜짝 놀랐다는 CEO를 만난 적이 있다. 나는 그 이유를 알고 있다.

설문조사에서는 돈을 내라는 말이 없기 때문이다. 오로지 세일즈 현장에서만 돈 이야기를 꺼낼 수 있고, 상품에 대한 고객의 진심에 가까운 이야기를 들을 수 있다. 이 과정을 거치면서 회사의 상품을 조금 더 인상 깊고 간결하게 전달하는 강력한 문구와 멘트를 계속 개발하게 된다. 동시에 이 과정을 거치면서 창업자의 세일즈 스킬은 발전한다.

　세일즈는 책이나 생각으로 배울 수 있는 게 아니라 현장에서만 배울 수 있다. 이와 같은 접근은 서비스나 상품이 완벽하게 갖춰지지 않은 상태에서도 선 매출을 만드는 상황을 자연스럽게 만들어낸다. 세일즈를 잘하는 사람이라서 이런 일이 벌어지는 것이 아니라 처음부터 세일즈로 출발해서 고객을 만나고, 상품을 보완하며, 멘트를 다듬었기 때문에 매출이 빠르게 발생하는 것이다.
　나는 창업을 준비하거나 회사를 설립한 이들에게 이런 프로세스의 중요성을 계속 강조하고 있다. 그래서 보통은 상품이 완벽히 준비되기 전 혹은 법인설립 전에 세일즈 훈련이 시작되고, 매출이 발생하면 그 돈으로 주식회사를 설립하는 것이다.
　극단적으로 서비스나 상품이 없는 상태라도 홍보전단을 활용한 세일즈는 가능하다. 상품이 없기 때문에 신뢰도를 구축하는 데 시간이 좀 더 걸릴지도 모르지만 이런 상황에서 매출을 내는 경험은 정말 짜릿하고 큰 자신감도 준다.
　상품이 준비되지 않았던 창업자는 매출로 생긴 돈으로 상품과 서비스를 준비하면 된다. 다 만들어서 팔면 되는데 왜 이렇게까지 해야 하는지 궁금할 것이다. 그 이유를 정리하면 다음과 같다.

첫 번째로 상품이 제대로 준비되지 않았을 때 미리 팔아보는 경험을 통해서 세일즈 스킬을 극대화할 수 있다.

상품이 없거나 준비가 덜 된 상태에서 세일즈를 성공시켰다면 나중에 상품이 생기면 더 잘 팔 수 있다. 진짜 세일즈 스킬을 키우고 싶다면, 상품이 없는 상황에서 상품을 미리 팔아보는 것을 권장한다.

정주영 회장이 만들지도 않는 선박과 조선소를 돈부터 받고 수주받은 일화는 유명하다. 물론 모두가 정주영 회장 같은 창업자가 될 수는 없다. 하지만 자신이 준비하는 상품과 서비스에 대한 확신만은 누구에게도 지지 않는 창업가가 되어야 한다는 것에는 공감할 것이다. 그리고 그것을 증명하는 일이 바로 상품이 나오기 전에 미리 팔아보는 것이다.

두 번째로 당신의 상품과 서비스에 확신이 있는지 검증해 볼 수 있다.

상품과 서비스를 다 만들고 나서 확신을 가지거나 판단을 보류하는 것은 늦다. 진짜 당신이 좋다고 생각하고, 멋진 상품이라고 생각한다면 아직 완성되지 않았어도 팔 수가 있다. 이런 판매 과정을 거치면서 상품에 거부감이 들거나 고객을 설득하는 데 힘이 나지 않는다면 자신이 상품에 확신이 들지 않는다는 것이다.

반대로 아직 준비되지 않은 상품을 팔면서 온갖 거절을 다

당해보고, 고객을 설득하면서 힘도 들고, 상처도 받았지만 그것을 극복하면서 이 사업을 지속할 의미를 찾았다면 이것을 통해서 없던 자신감도 만들 수 있다. 자신의 사업에 대한 애정을 확인할 수 있는 훌륭한 절차로 미리 세일즈하는 방법을 활용할 수 있다.

만약 이 과정을 충분히 거치지 않은 상황에서 운좋게 투자를 받고 매출이 커진다 해도, 검증이 덜 된 창업가의 확신 때문에 사업을 유지하는 게 즐겁지 않을 것이다. 그리고 이런 검증은 이왕이면 사업 초기에 거치는 게 창업자에게도 고객에게도 직원들에게도 투자자들에게도 이롭다.

세 번째로 미리 팔고 나서 상품을 준비하면 상품을 더 탄탄하게 완성할 수 있다.

버터플라이인베스트먼트가 고객을 위해서 제작한 사업문서만 해도 1000여 쪽은 된다. 그럼 매출을 발생시키는 순간부터 이미 작성된 아이디어 문서가 있었을까?

그렇지 않았다. 애초에 준비된 문서는 없었다. 상품 자체가 존재하지 않았던 것이다. 만들어진 상품이 없는 상황에서 고객을 찾아다니면서 설득해보고, 피드백도 받으며, 홍보전단을 수정하고, 다시 필드에 나가서 파는 과정을 진행하다가 결국 첫 번째 고객이 나타났다. 그리고 그 다음 주부터 문서를 작성해서 발송하기 시작했다. 그 한 명의 고객을 위해서.

매출을 먼저 만들고 문서를 제작하는 나의 마음은 어땠을까?

'괜히 미리 돈 받고 판매해서 부담이 장난 아니네'라는 생각이 들었을까, '우와, 이게 정말 팔리다니, 대박이구나'라는 생각이 들었을까? 물론 둘 다 맞지만, 대박이라는 생각이 훨씬 더 컸다. 그리고 부담감도 나에게 유리하게 작용했다. 고객이 지불한 돈이 아깝지 않도록 감동을 줘야겠다는 마음으로 심혈을 기울여서 문서를 제작했기 때문이다. 문서에는 이런 나의 자신감이 고스란히 담겼다. 팔리는 상품이라는 것을 이미 확인하고 준비했기 때문이다. 만약 52주간 발송될 문서를 미리 제작해서 판매를 시작하려고 계획했다면 어땠을까?

아마 한 달 동안 문서를 작성해보다가 이건 나와 맞지 않는 일이라고 투덜대거나 이 상품이 팔릴지 안 팔릴지 걱정이 되어 문서에 나의 조급함이 그대로 묻어나왔을 것이다.

강연 회사인 스쿨몬스터도 팔릴 만한 강의 소개를 온라인상에 먼저 올려놓는다. 그리고 그 강의로 결제가 이뤄지면 그제야 구체적으로 강의안을 준비한다. 강사는 팔리는 강의라는 것을 알고 강의안을 그 소개에 맞춰서 준비하기 때문에 더 당당하고 즐겁게, 그리고 마음 편하게 강의를 준비할 수 있다.

문서든 강의든 모든 서비스를 다 만들어놓고 나중에 세일즈를 하려고 하면 어떻게 될까? 팔릴지 안 팔릴지 모르는 상황에서 상품을 만들다 보니 불안한 마음이 계속 든다. 물론 초반에는 열정으로 어떻게든 버틸지 모른다. 하지만 상품을 준비하는 과정에서 생기는 창업자의 스트레스와 걱정이 상품에 고스란히 담기는 것을 막을 수는 없다.

상품이나 서비스를 제작하는 사람의 즐거운 기운이 매출에 영향을 미치는 것은 당연한 일이다. 단순히 돈을 먼저 받는 것만을 위해서가 아니라 회사의 더 나은 서비스와 더 나은 상품을 위해서 먼저 팔고 나중에 준비하는 것이다.

혹시 사업계획서 제작에만 오랜 시간을 할애하고 있다면, 잠깐 바람도 쐴 겸 세일즈를 위한 전단을 만들어서 고객을 만나러 필드로 나가보라. 그곳에서 당신이 창업해야 될 이유를 발견하게 될 것이고, 그 사업을 지속해야 할 이유도 발견하게 될 것이다.

03 START A BUSINESS WITHOUT MONEY

고객은
왕이 아니다

> 중요한 질문은 "당신이 얼마나 바쁜가?"가 아니다.
> "당신이 무엇에 바쁜가"가 핵심 질문이다.
> – 오프라 윈프리(유명 방송인)

음식점에 가보면 "손님은 왕"이라는 문구가 붙어 있는 것을 많이 볼 수 있다.

이런 문구를 보면 손님 입장에서는 괜히 기분이 좋아지는 게 사실이다. 정말로 왕 같은 대우를 바라는 것은 아니지만, 왠지 서비스가 좋을 것 같은 기대를 하게 된다. 그런데 문제는 다음부터다. 기대는 커져 있는데 서비스가 별로인 것이다.

다른 곳과 비교해볼 때 그렇게 나쁜 서비스가 아닌데도 불구하고, 그 문구를 보고 나서 높은 기준이 생기는 것은 어쩔 수가 없다. 어느 날 내가 방문한 고깃집에도 이런 문구가 붙어 있었다.

기본적으로 나는 까다로운 손님이 아니다. 그럼에도 불구하고 이 문구를 보고 서비스에 기대감이 생기는 것은 어쩔 수 없었다. 고깃집의 서비스는 나쁘지 않았지만 만약 서비스에 민감한 고객이 왔다면 제대로 서비스 받았다는 느낌은 전혀 받지 못할 것 같았다.

이처럼 "고객은 왕", "손님은 왕"이라는 말은 정말 지키기 어렵다. 그리고 지키지 못했을 때는 족쇄가 될 수 있는 위험한 말이기도 하다.

성공한 자영업자들이 가게에 "손님은 왕"이라고 써붙인다는 것을 보고 초보 창업자가 그대로 따라하는 것은 욕쟁이 할머니 음식점이 잘되는 것을 보고 사장이 손님에게 욕을 하는 것과 마찬가지다.

손님이 기대하는 '왕'이라는 대우는 개개인이 다 다르다. 개별 손님들의 입맛에 맞춰서 일하면 주인도 직원도 극심한 스트레스를 받는 게 당연하다. 잠깐은 서비스 정신을 발휘해서 이런 이미지를 유지할 수는 있겠지만 오랫동안 지켜가기는 어렵다.

창업을 시작하는 사람을 만나서 이야기할 때도 마찬가지다. 보통은 고객을 최우선에 두고 사업 이야기를 시작한다. 많은 창업 책과 강의가 고객의 중요성을 강조했기 때문이다. 일부 바람직한 현상이다. 그런데 모든 사람을 자신의 고객으로 만들겠다고 생각하는 것은 위험하다.

가끔 모든 사람을 고객으로 만들 수 있다고 이야기하는 이를 만나면, 나는 우려되는 마음에서 이렇게 되묻는다.

"모든 고객을 완벽히 만족시킬 수 있는 상품은 아니겠지요?"

나의 질문 의도를 잘못 파악했는지, 아니면 자존심 때문인지 자신은 모든 고객을 만족시킬 수 있다고 이야기하는 사람들이 있다. 세상에 정말 그런 상품이 존재할 것이라 생각하는가?

창업 교육과 창업 서적에서 모두 '고객, 고객, 고객'을 강조하다 보니까 창업자들에게 고객은 절대자의 위치를 점하고 있다. 그러다 보니 사업의 우선순위가 뒤바뀌는 경우가 많다. 고객에게 봉사하기 위해서 사업을 유지하는 사람들이 생기는 것이다.

이들은 "그럼 당신은 고객을 무시하나요?"라고 반문할지 모른다. 우리도 고객을 통해서 돈을 번다. 절대 고객을 무시하지 않는다. 그리고 고객 분석도 중요하게 생각한다. 고객을 무시하라는 말이 아니다.

우리는 우리 상품에 맞는 고객에 대한 연구로 대부분의 시간을 투자한다. 일반적인 고객을 확보하기 위해서 모든 사람이 만족할 만한 상품을 만들면서 고객과 타협하지 않는다. 오히려 고객을 우리 상품에 동화시키려고 노력한다.

이해를 돕기 위해 조금 더 자세히 설명하겠다. 특정 잠재 고객이 우리 상품을 자신의 입맛에 맞춰서 변형시켜주면 돈을 더 주겠다고 이야기해도 그렇게 하지 않는다. 고객을 우리 상품에 맞추려는 노력을 해보다가 안 되더라도 우리 상품을 바꿔서까지 굳이 타협하지 않는다. 고객이 왕이라고 생각하는 사업자 입장에서 볼 때는 이해가 안 되는 부분이다. 배가 고픈 해적의 입장에서도 돈 벌 수 있는 기회를 놓치는 게 이해가 안 될 수도 있다.

고객 입장에서도 고객을 무시하는 기업처럼 보일지 모른다. 하지만 그렇지 않다. 이유는 아래에서 설명하겠다. 만약 당신이 창업을 해서 롱런하는 사업으로 키워가려면 고객을 왕처럼 대우하겠다는 말을 경계해야 한다. 고객을 왕처럼 대우하지 않는 이유에는 다음과 같이 세 가지가 있다.

첫 번째로 상품 구성이 뻔해지기 때문이다.

고객의 요구에 맞춰서 일일이 서비스와 상품을 구성한다고 해보자. 처음에는 회사의 색깔이 분명했는데 고객을 늘리기 위해서 상품 구성을 늘리다 보면 어느새 흔히 있는 회사 중의 하나로 변모해간다.

처음에는 그 기업만의 특색이 있었는데 시간이 갈수록 고객의 요구에 타협하다 보니 복잡한 상품 구성과 가격대를 만들고 있는 회사들을 많이 볼 수 있다. 이렇게 되면 꼭 그 회사여야만 하는 이유가 사라져버린다. 시작은 그렇지 않았지만, 상품이 뻔해지고, 결국 치열한 경쟁을 해야 하는 시장으로 들어가버리는 것이다.

두 번째로 고객에게 오히려 실망을 안겨준다.

시작 부분에서 예를 들었듯이, 손님은 왕이라고 이야기했는데 서비스가 별로일 때는 역으로 실망감이 더 커진다. 그리고 모든 부분을 손님에게 맞추려고 노력하다 보면 서비스를 하거나 상품을 제공하는 입장에서도 한계가 온다. 고객은 시간이 갈수록 서비스와 상품의 질이 높아지기를 기대하는데 창업자는 감정적·체력적으로 힘든 상황 때문에 그렇지 못하게 된다.

정말 자신이 잘할 수 있는 특정 부분에 대해서만 고객에게 제대로 어필하는 게 효율적이다. 실제로 진짜 맛집들은 서비스가 좀 별로라도, 가격이 비싸더라도, 찾아가기 힘들더라도, 메뉴가 한두 개밖에 없어도 사람들이 많이 찾아온다.

서비스도 좋고, 가격도 싸고, 위치도 좋고, 메뉴도 많으면서 맛집으로 유명해지기는 어렵다. 모든 부분에서 고객의 기대감을 높여버리면, 다 잘했는데 하나만 부족해도 별로라고 낙인이 찍힌다.

세 번째로 당신이 가장 중요한 고객이다.

많은 창업 교육에서 고객을 강조하지만 정작 가장 중요한 부분을 놓치는 게 있다. 바로 당신이라는 고객이다. 사업하는 사람도 자기 상품의 고객이다. 그런데 고객만족을 시키라고 하면서 외부의 고객만 만족시키는 것에 몰두한다.

당신이 사업하는 이유를 생각해보라. 고객을 위해서 사업을 하는가, 당신을 위해서 사업을 하는가? "물론 나를 위해서 사업을 하고 싶지만, 고객에게 맞추지 못하면 돈을 벌지 못하잖아요?"라고 반문할지도 모른다. 하지만 그렇지 않다. 그렇게 말하는 이유는 우리가 그렇게 교육받았기 때문이다. 우리나라 사람들은 희생을 중요한 덕목이라고 생각하는 경향이 있다. 그리고 그 희생을 누군가가 알아줄 것이라고 생각한다.

'내가 지금 좀 힘들더라도, 고객을 위해서' 혹은 '내가 좋아하지 않는 일이지만, 고객을 위해서' 등이 고귀한 생각이라는 데는 백번 동의한다. 그런데 솔직해져보자. 그런 희생을 주변에서 알아주지 않는 것 같으면 어떤 마음이 드는가? 억울하고 스트레스 받지 않는가? 앞에서는 웃지만 뒤에서는 화내지 않는가? 고귀한 생각 뒤에 오는 반응은 정말 고귀한가?

정말 자신을 희생하는 것으로 극도의 행복을 느끼는 사람도 드물지만 존재한다. 하지만 당신이 그런 사람이라는 보장이 없다면 일단 첫 번째 고객인 당신부터 만족시키는 것이 가장 중요하다. 당신이 최고의 감동을 느끼는 상품이나 서비스를 만들고, 그것을 판매하면서 희열을 느껴라. 그리고 당신이 최고라고 느끼는 가치만큼 높은 가격을 매겨라. 이때 고객이 없을 것이라고 미리 결론짓지 말라.

당신과 같은 사람이 대한민국에 100명 중 1명은 있지 않을까? 1000명 중 1명은 있을 것이다. 그렇다고 해도 사업을 하면서 돈을 버는 데는 부족함이 없다.

어설프게 모든 고객을 왕으로 모시면서, 자신은 좋아하지도 않는 뻔한 상품 구성에 다양한 가격대로 복잡한 사업을 하면서 스트레스 받을 필요가 없다. 고객들의 요구들을 다 받아들이면, 당장은 매출이 커지고, 구성이 다양해지며, 회사 규모가 커지는 것처럼 느껴질지 모른다. 하지만 그럴수록 점점 더 치열한 경쟁에 놓이게 된다.

앞에서도 강조했지만 사업이 롱런하기 위해서는 최대한 단순하게 사업을 유지해야 한다. 그러기 위해서는 고객은 왕이라는 고정관념을 버릴 필요가 있다. 당신이 무조건 첫 번째 고객이다. 당신을 위한 사업을 하고 고객과 타협하지 말라.

불안한가? 버터플라이인베스트먼트가 만드는 사업들을 살펴보라. 실제 사례들을 만들면서 우리는 계속 이에 대한 가능성을 보여주고 있다.

04 START A BUSINESS WITHOUT MONEY

마케팅을
하지 않는다

> 몇몇 사람들을 정말로 행복하게 만드는 것이
> 많은 사람들을 조금 행복하게 만드는 것보다 낫다.
> – 폴 그레이엄(와이컴비네이터 창업자)

"제 사업 아이디어에 대해서 무자본 창업 컨설팅 좀 부탁드립니다!"

내가 첫 번째 책을 내고 나서 카카오톡과 메일로 가장 많이 듣는 말 중의 하나다. 사실 이럴 때 가장 난감하다. 한 번의 컨설팅으로 그들이 기대하는 변화를 만들어내는 것은 너무나 어렵기 때문이다. 게다가 이미 사업 아이템을 확정했다면 내가 도움을 줄 수 있는 부분은 큰 폭으로 줄어든다.

게다가 나는 마인드와 태도, 세상을 바라보는 관점에 대한 이야기를 주로 많이 하기 때문에 기술적인 부분의 조언을 기대하고 온 사람들은 처음에 크게 혼란을 느끼기도 한다.

이 책의 대부분은 기존의 창업 상식과 정반대의 내용으로 채워져 있고, 고정관념을 산산조각 내는 사례들뿐이다. 세상을 바라보는 관점이 바뀌지 않으면, 무자본 창업은 불가능하다. 돈만 뺀다고 해서 무자본 창업이 된다고 생각하면 큰 오산이다.

컨설팅을 의뢰하는 이들의 질문은 대부분 결국 마케팅에 대한 궁금증으로 귀결된다. 물론 나는 마케팅에 대한 공부를 많이 했고, 누구보다 좋은 성과를 낸 경험도 있다. 하지만 단순히 그것을 전달만 하는 것은 창업자에게 도움이 안 된다는 것을 경험으로 알고 있다. 그래서 나는 근질거리는 입을 다스리면서 다음과 같이 질문한다.

"지금 당장 다수에게 당신의 서비스나 상품이 알려져도 전혀 문제가 없습니까?"

대다수 창업자들은 "네, 물론입니다"라고 자신 있게 대답한다. 내가 볼 때는 아직 상품에 허점이 많아서 대중에게 알려지면 위험한데 그렇지 않다고 말하는 것이다. 상품에 확신이 있는 것과 허점을 발견하지 못하는 것은 확실히 다른 문제다. 그래서 몇 번 더 질문하면서 상품의 부족함을 스스로 인식할 수 있도록 유도해보지만, 여전히 상품에 대한 확신을 보일 때는 돈을 쓰고라도 마케팅 대행사의 도움을 받으라고 이야기한다. 그리고 대행사를 소개시켜준다.

이 경우 돈을 쓰지 않고 마케팅하는 법을 배우러 왔는데 돈을 써서 하라고 하니 김이 빠지는 경우도 적지 않았다. 돈을 쓰지 않으면서 마케팅을 하려면 상품과 서비스 그리고 마인드에 180도 전환이 생겨야 한다.

치열한 경쟁이 예상되고, 창업자의 기호가 반영되지 않은 아이템은 잘되더라도 문제가 발생할 가능성이 많다고 앞서 이야기했다. 그런데 이런 부분을 얘기해줘도 이미 창업자가 자신의 아이템에 대해 확신에 차서 마케팅만 해결하면 된다고 말할 때는 정말 난감하다.

이런 생각으로 사업을 진행한다면 금방 한계에 부딪치고 만다. 예를 들면 마케팅에 돈을 투자하지 않으면 아예 매출이 발생하지 않는 경우다. 정말로 환상적인 상품이라면 왜 마케팅 걱정을 하는가? 자연스럽게 고객들에게 입소문이 나서 상품이 알려질 텐데? 역설적이게도 마케팅을 걱정한다는 것은 자신의 상품에 자신이 없다는 반증이다.

이제 시작하는 사업이라면 소수의 고객들로부터 받는 검증만으로도 충분하다. 아직 검증이 덜 된 아이템을 굳이 마케팅에 신경 쓰면서 대중에게 알릴 필요가 있는가? 이것이 당신이 마케팅에 목매달지 말아야 하는 이유다. 심지어 돈을 들여서 마케팅을 한다면, 부족한 점을 돈을 쓰면서 세상에 알리는 것이나 마찬가지이다.

5~6년 전에는 식당을 열면, 거의 소셜커머스를 통해서 반

값 할인 행사를 했다. 어차피 광고비를 들여야 하니까 과감하게 세일하면서 마케팅을 하자는 취지였다.

마케팅 효과는 훌륭해 보였다. 반값 세일을 하면 개업식날 가게 앞에 고객들이 길게 줄을 섰기 때문이다. 하지만 이런 줄은 그리 오래가지 못했다. 왜 그랬을까? 이제 개업하는 식당에서 한 번에 많은 손님을 감당하는 게 어설펐던 것이다. 기다리는 고객들 관리는 안 되고, 안내도 중구난방이며, 음식을 빨리 만들어내다 보니 맛은 떨어졌다. 이런 상황에서 고객들이 "제 돈 내고는 절대 못 오겠다"라고 말하는 것은 당연한 일이었다.

결국 식당은 돈은 돈대로 쓰고, 안 좋은 이미지를 홍보한 것이다. 그리고 반값 세일을 멈추자, 손님의 발길이 끊어지는 것은 당연한 결과였다.

창업자들은 사업을 막 시작하고, 고객이 적을 때를 잘 활용해야 한다. 이때는 고객 각각의 만족도를 높이는 데 치중할 수 있기 때문이다. 그리고 상품에 부족한 부분이 있더라도 최대한 개별 고객에게 양해를 구해가면서 상품을 발전시킬 수 있는 여지가 있다.

그렇게 소수 고객부터 만족시켜서 입소문이 나게 하고, 상품과 서비스를 탄탄하게 만드는 시간을 벌어야 한다. 부족한 상품이지만 대중에게 더 많이 알려서 급하게 매출을 만드는 것보다 상품과 서비스를 소수에게 자리매김하고 발전시켜가며 매출을 일으키는 전략이 시작하는 사업자에는 필요하다.

또한 해적들은 잠재 고객에게 마케팅을 하면서 돈까지 벌 수 있는 방법에는 무엇이 있을지 고민해볼 필요가 있다.

사실 우리 주변에는 광고인지 정보인지 정확하게 구분되지 않는 것들이 굉장히 많이 존재한다. 요즘은 오디션 같은 경쟁구도로 노래를 부르는 프로그램들을 쉽게 볼 수 있다. 그런 프로그램을 보면서 시청자들은 돈을 낸다. 그런데 그런 음악 프로그램에서 나온 가수의 음악이 바로 음원 사이트에 올라오고, 방송을 본 사람들의 검색으로 음원 차트에서 높은 순위를 차지한다.

프로그램에 나오는 가수들은 출연료를 받는다. 시청자들이 지불한 비용도 거기에 일부 포함될 것이다. 그런데 가수들은 그 프로그램을 통해 자신의 음악을 광고한 셈이 되어 차트 순위에도 오르고 억소리 나는 음원수익을 얻는다. 이것을 방송인지 광고인지 구분할 수가 있을까? 시청자들이 비용을 냈기 때문에 방송이라고 봐야 할까, 아니면 가수들이 자신의 음원을 홍보했기 때문에 광고라고 봐야 할까?

마케팅을 하려는 사람들은 이런 미묘한 지점을 잘 파악해야 한다. 기본적으로 무자본 창업을 하는 창업자들은 정보를 전달하는 강의를 하거나 책을 제작한다. 이 정보는 잠재 고객들을 위한 것들이다.

예를 들어서 책쓰기와 관련된 정보를 제공한다고 해보자. 책쓰기에 관심 있는 잠재 고객들이 한 달 동안 고민하고 시행착오를 겪어야 할 부분을 한 번의 강의, 한 번의 책으로 해결할 수 있다면 이것은 가치 있는 정보가 된다. 그렇기 때문에 이 과정에서 고객으로부터 돈을 받을 수 있다. 그리고 이 정보만 알아도 혼자서 충분히 책을 쓰는 사례들이 생겨야 한다. 그만큼 충실한 정보여야 돈을 받을 수 있기 때문이다.

그런데 그런 정보를 이용한 고객 중에는 추가적인 정보나 컨설팅을 요청하는 사람도 있을 것이다. 그들에게는 1대1 컨설팅과 같은 추가 서비스를 판매하는 것이 자연스럽게 연결된다. 강의와 책을 활용하면 마케팅을 하면서도 돈을 벌 기회를 만들 수 있다. 이외에도 다양한 접근법들이 있다.

창업자가 이런 방식으로 마케팅을 활용할 때는 반드시 강의와 책이 그 자체로도 상품성이 있어야 한다. 창업자는 고객이 강의와 책에 지불한 돈 이상의 가치를 무조건 전달하는 것을 기본으로 삼아야 한다. 그렇지 않고 함부로 이런 방식의 마케팅을 하면 고객을 능욕한다고 욕먹기 딱 좋다.

진짜 해적이 되고 싶다면, 상품 자체를 환상적으로 만들어서 저절로 마케팅이 되도록 하든지 돈을 벌면서 마케팅을 하든지 두 가지 방법 중 하나로만 마케팅을 하길 바란다.

에필로그

인생 2막,
무자본 창업으로 시작하라

버터플라이인베스트먼트가 '무자본 창업'이라는 혹하는 키워드를 내걸었을 때는 감수해야 할 다양한 오해와 비난들이 많이 존재했고, 지금도 그런 문제를 극복해가고 있다. 물론 당연히 이런 문제들에 봉착할 것이라 생각했다.

우리가 하는 창업 방식이 자연스럽고 누구나 인정하는 방식이라면 우리가 아닌 누군가가 이미 시작했을 것이고, 성공 모델이 나왔을 것이기 때문이다. 사업을 시작할 때 반대에 많이 부딪친다는 말은 이 사업이 어느 정도 정착되기만 하면 기회가 많다는 것을 의미한다. 사업 초기의 우려와 반대를 고려해보면 버터플라이인베스트먼트가 현재 화제가 되고 있는 것은 아직 미미한 정도라고 생각한다.

괴짜 CEO로 유명한 버진그룹의 리처드 브랜슨의 어록은 버터플라이인베스트먼트를 운영해가는 데 큰 응원의 메시지가 된다. 바로 "용감한 사람도 영원히 살지는 못한다. 하지만 조심하는 사람은 아예 살지를 못한다"는 자극적인 메시지다. 사람이 영원히 살지 못한다는 것은 모두가 잘 알고 있다. 그에 더해서 인생은 한 번뿐이라는 생각도 절실히 하고 있다. 이런 사실을 깨닫지 못했을 때는 우리도 그저 그렇고, 재미없는 삶을 살았다. 그런데 더 이상 그렇게 살고 싶지 않았고, 영원히 살지는 못하지만 영원히 영향을 미칠 수 있는 거대한 프로젝트는 진행해보고 싶었다.

돈에 의존하는 창업으로 발생하는 문제는 한국뿐만이 아니라 전세계적인 문제라고 생각했다. 우리가 이 문제를 해결하는 단초를 발견하면, 그때를 기점으로 이전에 없던 창의적인 창업 솔루션이 더 많이 나오게 될 것이고, 창업 실패로 고통받는 창업자와 가족이 줄어들 것이라 생각했다. 그러면 자연스럽게 사회적인 문제들이 줄어드는 데 영향을 끼칠 수 있다고 봤다.

버터플라이인베스트먼트를 통해서 우리가 만들어가는 무자본 창업 생태계는 당장 돈을 많이 벌고, 혼자서 잘먹고 잘살자로 끝나는 미션이 아니다. 리처드 브랜슨이 말한 조심하면서 살다가 아예 진짜 삶을 경험하지 못하는 사람들에게도 창업 성공의 기회를 줄 수 있어야 한다고 생각한다. 우리가 과거에 그런 사람들이었기 때문에 더더욱 이런 미션을 중요하게 여긴다.

창업 자체가 목적이 아니라 창업을 통해서 행복해지고, 자기계발을 하며, 깨달음을 얻는 것이 당연해지는 세상을 만드는 데 이바지하고 싶다. 능력이 없다고 말하는 사람들도 창업을 통해서 자신의 능력을 발견해보고, 스스로의 잠재력에 관심을 가지는 계기로 삼을 수 있기를 간절히 바란다. 창업은 제2의 인생을 사는 어른들을 위한 새로운 교육 방식이라 확신한다. 그리고 그 첫 번째 교과목은 당연히 무자본 창업이어야 한다. 그래야만 자신의 잠재력에 관심을 가지고 극대화하는 데 집중할 수 있기 때문이다.

사실 이런 교육은 학교에서부터 이뤄졌으면 더 좋지 않았을까 생각한다. 하지만 외부의 잣대에 신경 쓰고, 남의 눈을 의식하는 것이 더 중요해진 현재의 교육 환경에서는 불가능한 게 사실일지도 모른다. 그렇다면 제2의 인생을 시작하는 시점에서라도 자신에게 관심을 돌려 잠재력을 발견하는 시도가 필요하고, 이왕이면 돈을 벌면서 할 수 있으면 금상첨화일 것이다.

우리는 이 모든 것을 완벽하게 구축해줄 수 있는 솔루션을 수년간 시행착오와 우여곡절을 거치면서 만들어가고 있다. 이런 솔루션의 중요한 사안들을 최대한 거침없이 이 책에 담으려고 노력했다. 어떤 부분은 거칠게 다가올 것이고, 어떤 부분은 이상적으로 다가올 것이다. 독자들의 응원을 받을지 질타를 받을지도 예상할 수 없다. 하지만 한 가지 분명한 것은 어떤 상황에서도 우리는 계속 즐기면서 끝까지 이 일을 할 것이라는 사실이다. 지금까지 우리가 진행해온 무자본 창업실험은 그저 미미한 시작에 불과하다. 앞으로 우리는 우주사업, 은행, 건설회사, 부동산회사, 보험사, 여행사, 대학교, 농업벤처, IT회사 등 일반적으로 무자본 창업이 어렵다고 인식되는 분야에도 뛰어들어 무자본 창업에 도전할 계획이다. 이 책을 보고 이런 사업에 도전할 용기 있는 창업자가 더 많이 나타나길 기대해본다.

최규철, 신태순

해적들의 창업이야기

초판 1쇄 발행 2016년 8월 5일
초판 3쇄 발행 2018년 6월 1일

지은이 최규철·신태순
펴낸이 이범상
펴낸곳 (주)비전비엔피·비전코리아

기획 편집 이경원 심은정 유지현 김승희 조은아 김다혜 배윤주
디자인 김은주 조은아 임지선
마케팅 한상철 금슬기
전자책 김성화 김희정 김재희
관리 이성호 이다정

주소 우) 04034 서울특별시 마포구 잔다리로7길 12 (서교동)
전화 02) 338-2411 | **팩스** 02) 338-2413
홈페이지 www.visionbp.co.kr
이메일 visioncorea@naver.com
원고투고 editor@visionbp.co.kr
인스타그램 www.instagram.com/visioncorea
포스트 post.naver.com/visioncorea

등록번호 제313-2005-224호
ISBN 978-89-6322-105-2 13320

· 값은 뒤표지에 있습니다.
· 잘못된 책은 구입하신 서점에서 바꿔드립니다.

「이 도서의 국립중앙도서관 출판예정도서목록(CIP)은 서지정보유통지원시스템 홈페이지(http://seoji.nl.go.kr)와 국가자료공동목록시스템(http://www.nl.go.kr/kolisnet)에서 이용하실 수 있습니다.(CIP제어번호: CIP2016017407)」